일본 경제침략
실패시나리오

한일 무역전쟁 종합리포트

일본 경제침략 실패시나리오

윤주영 지음

책들의정원

작가의 말

2019년 7월. 일본은 수출 강화 조치라는 이름의 수출 규제안을 발표했고, 이어 대한민국 반도체 산업을 정조준하는 3가지 핵심 소재에 대한 수출 규제를 실제로 시행했다. 그 후, 한국을 화이트리스트에서 제외하겠다고 예고하면서 일본은 한국을 대상으로 무역전쟁을 선포했다.

현재 일본의 총리인 아베 신조는 무슨 의도로 한국을 저격한 것일까? 수출 규제를 시행한 목적은 무엇일까? 대체 일본에게 한국은 어떤 존재이기에 이러한 말도 안 되는 조치를 시행하고, 무역을 무기화하며 때로는 협력을, 때로는 경쟁을 하는 이웃 국가에 통상을 무기로 총부리를 겨눈 것일까? 그들은 한국이 북한으로 전략 물자를 밀반출했다고 주장하고 있다. 또한 한국은 믿을 수 없는 국가, 신뢰할 수 없는 국가라며 안보상의 이유로 한국으로 수출하는 전략 물자를 규제하겠다고 나섰다.

1945년 해방의 기쁨도 잠시, 1950년 긴 전쟁을 치르고 온 국토가 폐허가 되었던 때 한국은 전 세계에서 가장 가난하고 슬픈 나라였다. 모든 산업 시설이 남김없이 초토화되었고, 다시 일어설 수도 없었던 나라. 그때 일본은 한국에 돈을 빌려줬고 그들의 상품을 팔았다. 우리나라의 경제가 발전하면서 내내 우리가 수출하는 것보다 더 많은 것을 일본으로부터 사와야 했다. 한국의 경제가 발전하면 할수록 대 일본 무역 의존도는 더 커졌고, 2010년 최고점을 찍었다. 그렇게 한국은 언제나 일본을 따라잡기 위해선 10년도 더 걸린다는 말을 자조적으로 읊조릴 수밖에 없었다.

2019년. 이제는 과거의 우리가 아니다. 세상에서 가장 가난한, 원조로 꾸려가던 한국이 아니다. 1983년 겨우 반도체 산업에 뛰어들었던 한국의 기업들은 전 세계 반도체 산업을 점령했던 일본의 3개 기업을 따라잡기 위해 안간힘을 썼다. 기술과 가격경쟁력을 무기로 일본의 선두 기업들과 격차를 조금씩 줄여나갔고 결국 1993년 한국의 반도체 기업들은 메모리반도체 부문에서 일본의 기업을 누르고 세계 2위를 차지했다. 그때 한국은 첨단 산업에서 절대 불가능한 '신화'를 썼고, 한국에게 역전당한 일본은 '대붕괴', '반도체 패전'이라는 이름으로 그때를 기억한다.

미국과 플라자합의1985년 미국, 프랑스, 독일, 일본, 영국 재무장관들이 뉴욕 플라자호텔에서 외환시장 개입에 의한 달러화 강세를 시정한 조치를 맺은 후, 일본의 경제는 거품이 일기 시작했고, 그 버블이 꺼지면서 잃어버린 10년을 맞이했다. 부동산 거품이 꺼졌고, 전 재산을 일시에 날린 사람들은 고통 속에서 살아갔다.

일본 자민당의 아베는 2012년 집권하면서 일본 경제를 재건하기 위해 '아베노믹스Abenomics'를 들고 나왔다. 2019년 현재, 아베는 최장기간 재임에 성공한 총리라는 수식어를 달고 경제를 살리기 위해 안간힘을 썼지만, 여전히 만족할 만한 성과는 없다. 중국의 부상으로 세계 경제대국 2위였던 일본은 3위로 주저앉았고, '한반도 평화 프로세스'는 착착 진행되어 남북한이 손을 마주잡고 대화하는 모습에 전 세계가 놀랐다. 미국과 러시아 그리고 중국까지 북한과 협상하는 동안, 일본의 아베는 김정은 국방위원장의 얼굴을 못 본 유일한 사람이 되었다. 일본의 경제는 살아날 기미가 보이지 않고, 국제무대에서는 '재팬 패싱Japan Passing'이라는 단어가 등장했으며, 한국은 남북한 평화를 위해 세계 여러 나라와 협상을 진행하며 힘들지만 묵직한 발걸음을 내딛고 있다.

정치가로서 아베는 '강한 일본'을 만들겠다는 열망을 가지고 있다. 평화헌법 9조를 개정하여 전쟁 가능한 국가, 집단적 자위권을 행사할 수 있는 나라를 만들겠다는 목적을 가지고 끊임없이 노력했지만, 최근 참의원 선거에서 개헌에 필요한 정족수를 채우지 못해 개헌에 실패했다. 그리고 대한민국 대법원은 일제 강제동원 피해자에게 일본 전범기업들이 배상해야 한다는 판결을 확정지었다. 이후 전범국가로서 진정한 사과를 하기는커녕 왜곡된 역사 인식의 문제를 가감 없이 보여주곤 했다.

　2018년 11월, 일본의 수출 기업이 한국으로 '불산'을 수출하기 위해 수출 허가를 신청했지만, 일본 당국은 승인하지 않았다. 수출이 지연되면서 한국의 반도체 기업들은 적잖이 당황했다. 그 후, 2019년 7월 일본의 무역 규제가 시작되었다. 아베는 한국 반도체 산업에 피해를 주는 수출 규제를 시행하면, 한국 정부가 바로 수출 규제를 풀어달라고 하면서 아베가 원하는 것을 협상 테이블에 올릴 것이라고 예상했을지도 모를 일이다. 단번에 한국의 대법원 판결에 대해서 일본이 원하는 대로 해결하고 그 후 일본 내 지지 세력을 취합하여 개헌을 하려는 것이 그의 복안이었을까. 아베는 과거 어디쯤의 한국을 보고 있는 것일까. 세상에서 가장 가난했던 나라, 원조와 차관으로 겨우겨우 살아갔던 과거의 한국을 잊지 못하고 여전히 일본을 쫓아가는 후진국쯤으로 생각하는 것일까.

　이제, 상황은 달라졌다. 일본의 경제는 재정적자, 국가부채, 내수침체의 문제로 더 살아날 기미가 보이지 않고, 후쿠시마 원전사고 이후, 일본 동북지역의 회생은 일본의 가장 큰 문제 중 하나다. 올림픽을 유치하고, 후쿠시마산 수산물을 해외에 수출하여 자력으로 회생할 수 있도록 만들고 싶은 아베의 일본. 그때마다 한국은 그 길목을 '탁' 가로 막았다.

후쿠시마 수산물의 수입을 금지하자 일본은 한국을 WTO에 제소했고, 1심에서 일본이 이겼지만 상소기구에서 한국은 극적으로 역전승을 했다. 지금까지도 한국은 후쿠시마산 수산물을 수입 금지하고 있다. 대법원 판결로 아베의 전범국가로서의 왜곡된 역사 인식의 문제가 대두되었고, 일본의 반도체 패전 이후, 한국이 메모리 반도체에서 승승장구하는 것을 바라보고 있는 처지가 되었다.

궁지에 몰린 아베는 지지율을 높여 2021년 9월까지 자신의 총리 임기 내에 개헌이라는 '레거시legacy', 즉 족적을 남겨야 한다. 한국의 핵심 산업인 반도체 생산에 막대한 영향을 주는 품목을 수출 규제하면 아주 쉽게 문제가 해결될 것으로 생각했지만 그것은 오산이었다. 한국은 일본의 수출 규제에 대해 WTO에 제소하겠다는 입장을 밝히고 있고, 국내 반도체 기업과 정부는 '산업의 독립'을 목표로 일본에 의존하는 반도체 관련 부품 소재의 국산화, 수입 다변화를 꾀하고 있다. 또한 일본의 터무니없고 황당한 조치는 우리나라 국민을 분노하게 만들었고, 이제까지 유래 없는 불매운동의 불길이 타올랐다.

냄비근성, 즉 쉽게 달아오르고 쉽게 꺼진다는 일부 일본 기업 관계자들의 언행에 우리는 'NO JAPAN'이라는 슬로건 아래 단결했다. 그 결과 대표적인 일본 의류 기업은 매출이 줄었고 가장 크고 대표적인 매장을 닫아야 했다. 그뿐만이 아니다. 일본으로의 여행도 거부하고 자제한 결과 항공편이 축소되고 없어졌으며, 일본의 소비재 수입도 큰 폭으로 줄었다. 냄비근성이라는 말은 더 이상 우리 국민을 표현할 수 있는 단어가 아니다. 은근하게 뜨거워지지만 그 뜨거움이 오래 남는 뚝배기처럼 불매운동이 꾸준하게 지속되면서 일본 기업과 일부 관광지의 표정은 바뀌었다.

이제 한국은 일본의 무역전쟁, 경제침략 및 도발에 맞서 효과적으로 대응하기 위해 치밀하게 전략을 세울 때다. 그러기 위해선 일본의 현재 경제 상황과 아베노믹스가 어떤 정책인지, 그리고 아베가 원하는 것이 무엇인지를 분명하게 알아야 한다. WTO의 분쟁에 대해 이해하기 위해서 WTO는 어떤 역할을 하는지, 과거 일본과 한국의 분쟁의 역사를 알고 후쿠시마 수산물의 승소는 어떻게 이루어졌는지도 알아야 한다. WTO 제소에서 한국 정부가 어떤 전략으로 어떻게 대응할 수 있는지 그리고 결국 우리 국민들이 효과적으로 불매운동을 하기 위해 주의할 점은 무엇인지 알아야 한다.

뚝배기처럼 은근하고 뜨거운 그리고 꾸준한 국민의 힘은 결국 아베의 실패 시나리오가 될 것이며 또한 우리의 필승 시나리오가 될 것이다.

2019년 9월

윤주영

목차

Hyesan
Hamheung
Wonsan
Sinuiju
KOREA
Ullueng-Do
Pyeongyang
Gaeseong
SEOUL
Incheon
Daegu
Busan

1

한국과 일본 무역전쟁의 시작

2019년 7월, 한국은 일본 경제산업성의 발표에 당혹감을 감출 수 없었다. 느닷없는 수출 규제 강화[1]라는 일본의 발표는 그 동안 국제 경제에서 밀접하게 연관되어 있는 두 나라를 한 순간에 갈라놓는 것과 다름없었다. 한국 경제의 핵심 산업이며, 수출에서 많은 부분을 차지하고 있고, 전 세계 시장의 약 70%를 차지하고 있는 우리나라 반도체 산업의 핵심 부품 수출을 규제한다는 발표는 국제 경제의 파트너로서, 아주 밀접하고 세분화되어 있는 글로벌 밸류체인의 한 부분으로서의 역할을 저버리는 행위이다. 나아가 한국 첨단 산업의 목줄을 쥐고 무역을 무기화하여 일본이 원하는 것을 얻고자 하는 행위라고 받아들일 수밖에 없다.

일본은 왜 세계 경제 질서를 뒤흔드는 무모한 결정을 한 것일까. 또한 한국과 협력을, 때론 경쟁을 하고 있는 관계이면서 협력과 상생이라는 발전적인 방법을 취하는 대신 일방적인 무역전쟁을 선포한 이유는 무엇일까.

이 문제는 단순하게 한두 가지의 원인으로 이해할 수 없다. 한국 첨단 산업의 발전을 저해하기 위한 일본의 꼼수인가? 아니면 일본 자민당 아베 총리의 야망을 이루기 위한 포석인가? 일본의 무역 규제로 인한 한일 무역전쟁, 경제침략은 사실 그 이면에 아주 복잡하고 어려운 문제들이 숨겨져 있다. 그것을 이해하기 위해서는 현재 일본의 경제 상황, 남북한 평화 프로세스가 진행되는 동북아 정세, 일본의 역대 최장기 총리인 아베의 강한 일본 즉, 집단적 자위권을 행사할 수 있는 국가, 전쟁이 가능한 나라로 만들고자 하는 야망 등 복잡다단한 현재의 상황을 이해하는 것이 중요하다.

1.1.
한반도와 일본을 둘러싼
국제정세의 변화 – 재팬 패싱 _{Japan Passing}

전 세계 국가들은 글로벌 밸류체인을 더욱 긴밀히 유지하면서 각국의 경쟁력 있는 산업을 육성하고 선진국과 개발도상국 간의 협력을 통해 경제 발전에 힘쓰고 있다. 비록 미국과 중국이 서로의 무역을 무기로 환율과 관세 부과를 통해 국제경제를 요동치게 만드는 무역전쟁을 치르고 있지만 여전히 세계 각국은 최선을 다해 자국의 경제 성장을 위해 노력하고 있다. 무엇보다 현재 한반도 정세는 그 이전과 다른 양상을 보여주고 있다.

대한민국은 남북한으로 분단되어 있는 단 하나 남은 국가이다. 하지만 최근 '한반도 평화 프로세스'를 통해 동북아시아, 나아가 세계평화를 위해 각고의 노력을 하고 있다. 이러한 상황에서 일본은 정치, 경제의 질서를 뒤흔들 수 있는 조치를 연달아 발표하면서 한국과 일본 두 나라의 관계를 악화시키고 있다. 일본은 왜 이러한, 국제질서에 반하는 행동을 하고 있는 것일까. 일본 내각총리대신인 아베가 한일 두 나라의 협력관계를 깨면서까지 극단의 조치를 취하는 이유는 무엇일까.

한국과 일본, 두 나라는 서로 이웃하고 있으면서 가장 먼 나라이기도 하다. 역사적으로 일본의 침략전쟁은 한국에 깊은 상처를 주었고, 일본은 한국전쟁이라는 한국의 상처를 그들의 기회로 삼아 경제대국으로 발전했으며 극동아시아의 맹주로 군림했다. 뿐만 아니라 중국이 미국과 함께 경제대국으로 세계 경제를 좌지우지하기 전까지 일본은 미국의 우방으로, 또한 세계 경제의 2인자로서 그 힘을 과시했다.

경제 발전의 측면에서 본다면 한국은 언제나 일본을 뒤쫓아 가는 나라였다. 한국은 일본을 따라잡기 위해 최선의 노력을 해야 했고 그때마다 한국이 일본을 따라잡기 위해서는 10년은 걸린다는 말을 자조적으로 할 수 밖에 없었다. 또한 남북한 문제를 해결하기 위해 주변의 강대국에 의논하고 협의해야 하는 위치에서 스스로 과거 역사의 상처를 보듬고 스스로 치유할 수 있는 방법조차 요원했던 것이 사실이다.

중국이 '죽의 장막'을 걷고 세상으로 나오던 1985년. '검은 고양이든 흰 고양이든 쥐만 잘 잡으면 된다'는 덩샤오핑의 한마디는 중국 사회의 변화를 예고했다. 중국형 사회주의라고 말하지만 중국형 자본주의라고 할 수 있는 중대한 변화가 중국을 깨어나게 했고 시장경제를 도입한지 30여 년 만에 연평균 9.8%의 고성장을 기록했다. 물론 최근 중국은 6%의 경제성장을 이어가고 있지만 미국과의 무역전쟁으로 여러 가지 심각한 문제에 직면하고 있는 것이 사실이다.

미국의 최우선적 우방으로 가장 가까운 자리를 차지했던 일본은 '잃어버린 10'년으로 경제 암흑기를 보냈고 여전히 그 늪에서 헤어 나오지 못하고 있다. 버블경제의 거품이 꺼지면서 경제회복을 위해 노력했지만 일본 정부의 정책에도 불구하고 '경기가 되살아날 수 있다는 분위기'를 만드는 것에 만족해야 하는 상황이다.

일본이 세계경제에서 차지하는 위상이 급락하고 중국은 그 사이 세계에서 미국과 어깨를 나란히 할 수 있는 경제 대국으로 변모했다. 미국과 중국을 G2^{Group of Two}라고 부르는 만큼, 세계에서 가장 강한 두 나라인 중국과 미국은 세계 경제 질서에서 스스로 최강자로 군림하기 위해 정치와 경제 모든 면에서 첨예하게 대립하고 있다.

G2 Group of Two

세계에서 경제적으로 영향력이 큰 두 국가라는 의미로서 미국과 중국을 가리키는 비공식적인 용어이다. G2라는 용어는 2000년대 들어 중국이 급속한 경제 발전을 토대로 국제사회에서 경제적 위상이 크게 높아지면서 2006년경 처음 등장한 것으로 알려져 있다. 특히 2009년

G20 정상회의 기간 중 오바마 미국 대통령과 후진타오 중국 국가주석이 만나 관계를 강화하기로 합의한 이후 빈번히 사용되고 있다. 중국이 미국에 버금가는 경제 대국으로 성장한 만큼 기존의 초강대국인 미국과 더불어 글로벌 리더로서 경제위기·중동사태·기후변화·핵확산 등 각종 국제 문제의 해결에 앞장서야 하는 시대가 왔음을 의미하기도 한다. 중국 내에서는 중국에게 능력 이상의 책임을 지우는 빌미가 될 수 있다고 경계하는 견해도 있다. 정기적으로 회의를 개최하는 국제적인 회의체는 아니라는 점에서 G7, G20과는 차이가 있다.

출처: 한국은행, 경제용어사전

미국과 중국의 무역전쟁과 미국 트럼프 정부의 북한 정책 등 한반도를 둘러싼 정세가 아주 급박하게 돌아가는 이 시점에 일본은 어디쯤 서 있는 것일까. 경제 회복에 최선을 다 하고 있지만 심근경색에 걸린 일본 경제는 간신히 기운을 차리고 있는 중이며 남한과 북한은 지구상 단 하나의 분단국으로 서로를 향하여 차가운 시선을 보내던 과거와 달리 손을 잡고 서로의 경계를 허물며 '한반도 평화 프로세스'를 위해 더디지만 무거운 발걸음을 꾸준히 내딛고 있다.

얼마 전 한반도 긴장 완화, 평화 협상 등의 단어와 함께 여러 언론에서 재팬 패싱, 즉 일본 따돌리기라는 단어가 등장했다. 여러 가지로 해석할 수 있지만 결국 그 의미는 한반도 문제를 논의하는 자리에 일본을 제외할 수 있다는 의미이다. 실제로 그러한 모습이 국제정치 관련 기사에 나오기 시작하는 시점에 일본은 당황하기 시작했다.

북한 문제를 의논하기 위해서는 반드시 일본을 포함한 '6자 회담'이 언제 열릴 것인가를 예상하던 과거의 모습에서 현재는 남북이 화해무드를 보여주며 직접 손을 잡고, 얼굴을 마주 보며 대화하는 모습이 TV를 통해 생중계되어 세계를 놀라게 했다. 또한 북중미, 북미 회담이 열렸고 지난 4월 26일에는 러시아 블라디보스토크에서 북러 정상회담이 열렸다. 그 후 일본은 주요국 중에서 북한의 김정은 국무위원장과 정상회담을 하지 못한 유일한 나라가 되었다는 말과 함께 재팬 패싱이 더 심해질까 우려한다는 기사가 나왔다.[2]

국제 정치 무대에서 이제까지 일본은 미국의 최우방국가로 자처하며 남북한 문제뿐만 아니라 미국의 정책에 동조하며 국제 정치 무대에서 큰 영향력을 행사할 수 있는 나라였다. 하지만 상황은 변했고 남북한의 갈등과 여러 정치적 문제를 논의하는 강대국들 틈에서 일본의 발언권은 예전과 같지 않다.

이런 상황은 아베로 하여금 개헌을 통한 강한 일본을 만들겠다는 야심을 더욱 부채질하고 있다. 일본은 동북아 평화를 위해 그리고 남북한의 갈등을 해결한다는 명목 하에 강대국들의 회담에 참여하고 발언하면서 최대한 자신에게 유리한 입장을 이끌어내곤 했다. 하지만 2019년 현재 일본의 처지는 달라졌다. 이것도 일본이 한국 경제를 견제하는 하나의 중요한 이유라고 할 수 있다.

1.2.
일본의
수출규제 조치

　　2019년 7월 1일 일본 경제산업성은 반도체, 디스플레이 핵심 소재 3가지 품목[3]에 대한 '수출 강화 조치'를 발표했고 그 조치가 2019년 7월 4일 즉각적으로 실시되었다. 이것이 바로 일본이 선포한 무역전쟁의 시작이다. 7월 1일부터 지난 한 달 여 남짓한 시간 동안 한국은 일본의 조치로 인한 피해를 예상하고 최소화하기 위해 여러 가지 대책을 세우는 등 최선의 노력을 다하고 있다. 일본 수출 규제 조치의 시행은 '표-1. 일본 수출규제조치 관련 일지'에 보는 바와 같다.

표-1. 일본 수출규제조치 관련 일지

7.1.	일본, '수출규제 강화' 방안 발표 - 반도체, 디스플레이 소재 3 품목에 대해 '포괄수출허가' 대상에서 제외
7.4.	일본 수출규제강화 실시
7.12.	일본 경제산업성에서 한일 양자 협의 - 일본의 수출규제강화 조치 관련
7.19.	고노 다로 일본 외무상, 남관표 주일 한국대사 초치 - 대법원 강제동원 배상 판결에 대해 한국 정부의 조치 요구
7.21.	일본 참의원 선거 - 자민당 등 여당연합 과반 의석을 확보
7.23-24.	WTO 일반이사회 한국, 일본의 수출규제를 의제로 상정
7.24.	일본 '수출무역관리령' 개정안에 대한 의견 수렴 마감
8.1.	태국 방콕에서 열린 아세안지역안보포럼(ARF) 중 한일 외교부 장관 회담
8.2.	일본, 한국을 화이트리스트에서 제외 발표
8.7.	수출무역관리령 개정안 공포
8.28.	일본, 한국을 화이트리스트에서 제외 시행

일본은 자국의 무역 관리를 위한 '수출 강화 조치'라고 하면서 3개 주요 부품 소재 품목의 수출을 규제하기 시작했다. 그 이후 일본은 아예 한국을 화이트리스트 명단에서 제외하겠다고 발표했다. 절차상 7월 24일까지 일본 내 의견 수렴을 받았고, 이례적으로 1만 건의 의견이 접수되었으며, 대부분 무역 규제 조치에 대해 찬성한다는 내용이었다고 일본은 주장했다. 사실상 일본

정부의 조치가 강행될 것이라는 점을 쉽게 예상할 수 있었다.

예정된 수순처럼 아베는 각료회의를 열어 최종적으로 한국을 수출 우대국 명단 즉, 화이트리스트에서 제외하는 각의를 채택하기로 했고, 결국 8월 2일 아베 총리는 한국을 화이트리스트에서 제외하는 '수출 무역 관리령' 개정안을 의결했다. 세코 히로시게 경제산업상이 서명하고 아베 총리가 연서하여 공포하게 되면 그 시점인 8월 7일로부터 21일 후인 8월 28일부터 시행된다.

이렇게 되면 8월 28일부터 한국은 일본으로부터 수입하려는 관련 품목에 대해 매 건의 수출마다 최장 90일간의 심사를 거쳐야 한다. 결국 8월 7일 일본 정부는 '수출 무역 관리령' 개정안을 공포했고 이미 예상한 바와 같이 화이트리스트에서 한국을 삭제한다는 내용이 포함되어 있었다.

수출 규제 조치에 대한 일본의 주장은 무엇인가

7월 1일 일본 경제산업성은 수출 규제 조치를 발표하면서 '한국 정부가 강제동원 피해자 배상문제에 대해 해결책을 제시하지 않아 양국 간 신뢰가 훼손되었다'는 점을 그 근거로 들었다. 또한 아베는 1965년 '한일청구권협정'이 지켜지지 않았다는 점을 언급했다. 그 후 일본은 북한으로 불화수소가 불법 반출되었다는 주장을 했다. 또한 '한국이 북한에 대한 제재를 지켜야 한다'면서 에칭가스가 화학무기, 핵무기 제조공정에 사용될 우려가 있다고 주장했다. 더불어 캐치올Catch-All[4] 규제가 미비하다는 등의 주장을 통해 한국을 화이트리스트에서 제외하는 조치를 단행하겠다고 발표했다. 이렇게 일본 정부가 시행하는 수출 규제 조치들은 그 근거가 계속적으로 바뀌고 있으며 지극히 자의적이라고 할 수 있다. 하지만 표면적으로는 일본의 수출 규제가 '안보상의 이유'이며 자국의 수출 관리 측면에서 필요하다고 주장하고 있다.

수출 규제에 대한 일본의 주장은 타당한가

일본이 안보상의 이유로 한국에 대한 신뢰를 잃었다고 주장하는 것에 대해 명확하게 짚어봐야 한다. 우선 일본은 한국의 '일제 강제동원의 대법원 판결' 이후, 한국 정부가 해결책을 제시하지 않았고 따라서 한국에 대한 신뢰를 잃었다고 주장하며 일제의 강제동원 피해자의 한국 대법원의 판결과 상관없이 자국의 수출 규제를 강화하는 단순한 무역 관리 차원의 조치라고 주장한다.

2018년 10월 30일 대한민국 대법원 전원합의체주심 김소영 대법관는 4명의 강제동원 피해자들이 일본제철구 신일철주금을 상대로 각 1억 원씩 배상하라고 낸 소송에서 원고승소를 판결한 원심을 확정했다. 하지만 일본은 한국 대법원의 판결에 반발했고, 판결에 의한 배상은 전혀 이행하지 않고 있다.

일본제철, 후지코시, 미쓰비시중공업과 같은 일본의 전범기업들이 배상 책임을 지지 않고 있는 상황에서 승소 확정 판결을 받은 일제 강제동원 피해자들은 대법원 확정 판결에 의해 압류된 전범기업들의 한국 내 자산에 대한 매각 요청을 신청했다. 하지만 일본 전범기업 측과 승소 판결을 받은 원고들 간의 배상에 관한 법적 논쟁이 앞으로도 긴 시간 이어질 것으로 예측된다.

전범기업들은 오히려 '한일 양국 정부가 협상해야 할 일이고 기업이 직접 협상에 응하지 않는다'는 입장만 되풀이하고 있다. 그러면서도 7월 19일 일본의 고노 다로 외무상은 남관표 주일 한국대사를 불러 강제동원 피해자에 대한 배상과 관련하여 한국 정부의 조치를 강력하게 요구했다.[5]

한국을 화이트리스트에서 제외할 것이 확실한 상황에서, 8월 1일 태국 방콕에서 고노 다로 외무상이 한일 외교부 회담을 마친 후 기자들에게 브리핑을 하던 중 여러 질문에도 '구 한반도 출신 노동자 문제는 매우 중대하여 한일 양국 관계의 법적 기반을 심각하게 훼손한다. 한국 정부가 확실히 시정해 달라'고 일관된 대답을 반복했다. 한일 양국의 무역 분쟁이 발생하도록 만든 일본의 수입 규제 조치에 대해 반복하여 던진 기자의 질문에도 고노 외무상은 일관된 자세로 '일제 강제동원 피해자들에 대한 대법원 판결'에 대한 한국 정부의 조치를 강력하게 주장했다.[6] 이것은 한국을 화이트리스트에서 제외하는 조치가 일본의 무역 관리 측면에서 시행된 것이 아니라 역사, 정치적인 이유 때문이라는 것을 말해주고 있다.

일본은 북한 문제를 거론하면서 한국이 북한에 대한 제제를 하지 않았다는 것과 에칭가스가 화학무기나 핵무기 제조공정에 사용될 우려가 있다고 언급했지만 이 역시 정확한 근거를 제시하지 못하는 일방적인 주장이다. 또한 일본은 한국의 캐치올 제도의 범위가 협소하다고 언급하면서 재래식 무기에 대한 규제가 부족했다고 주장했지만 이것도 역시 사실이 아니다.

한국은 법률에 근거하여 캐치올 규제를 하고 있다. 2007년 「전략물자 수출입공고」에 규정했던 캐치올 통제를 대외무역법 제19조[7] 3항[8]에 반영하여 전략물자 수출 통제 및 비전략물자 캐치올 통제에 대한 법적 체계를 강화했다. 또한 재래식 무기에 대해서도 관련 법령을 정비하여 예방적 통제, 허가통제 및 사후단속으로 재래식 무기 캐치올 통제에 효과적으로 대응하고 있다.

이제까지 일본이 한국의 전략물자의 통제와 규제에 관련된 어떠한 의견 제시도 없었다는 점에서 한국의 캐치올 규제가 미비하다는 것을 빌미로 이번 수출 규제 조치를 시행한다는 것을 납득할 수 없다는 것이 한국 정부의 입장이다.[9]

일본의 수출 규제는 일제 강제동원 피해자의 배상에 관한 대법원 확정 판결 이후 한국을 압박하기 위한 카드로 쓰였다는 것은 쉽게 예상할 수 있는 부분이다. 분명한 것은 일본이 역사적인 문제를 경제적 논리로 가져와 한일 양국이 그 동안 일정 부분 협력해왔던 무역 부문에서 심각한 문제를 일으켰다는 사실이다.

일본의 수출 규제는 단순히 '수출 금지 조치'가 아니라 자국의 수출을 '관리'하고 있다는 주장을 되풀이하면서 무역 보복을 통해 향후 한국과 일본에서 벌어질 협상에 유리한 고지를 차지하려는 의도를 보여주고 있다. 또한 여전히 침체에 빠져 있는 일본의 경제 상황도 아베가 국제 분업 체제를 혼란하게 만드는 조치를 주저 없이 시행하도록 만든 이유라고 할 수 있다. 수출 규제 조치가 무역 관리 차원에서 필수적이라는 그들의 주장에도 불구하고 아베 정부는 현재 일본이 원하는 것을 얻기 위해 통상을 무기로 사용하고 있다는 비난을 피할 수 없는 상황이다. 아베가 한국을 타깃으로 하는 수출 규제 조치가 과연 단순한 무역 관리 차원의 조치인지, 아니면 그 이면에 아베의 일본에게 다른 목적이 있는 것인지는 다각도로 살펴보아야 할 문제이다.

일본 수출 규제 조치의 관련 법령과 내용

일본의 법체계는 [법률-정령-성령·고시-통달-알림]의 체계로 구성되어 있다. 법률은 우리나라와 마찬가지로 의회에서 제정되고 정령은 내각의 결정을 말한다. 우리나라의 법체계와 비교하면 [법률-대통령령-총리령·부령-행정규칙·자치법규]와 비슷하다. 일본의 '외국환 및 외국무역법이하 외환법'은 법이 만들어질 당시 일본 경제의 상황을 반영하여 대외거래 금지원칙을 목적으로 1949년, 법률 제228호로 제정되었다. 그 이후 일본의 경제 상황에 따라 필요한 규제를 위해, 또한 국제금융과 국제정세의 변화에 적응하기 위해 여러 차례 개정하였다.

1980년대 일본이 경제 개발에 주안점을 두었던 시기에는 수출 산업에 대한 폭넓은 지원을 통해 수출을 어떻게 진흥시킬 것인가가 가장 중요했기 때문에 그러한 관점에서 수출을 통제하거나 규제하는 것에는 관심을 두지 않았다. 이때 '도시바 사건'이 발생했다. 1987년 일본 기업 도시바는 잠수함 프로펠러 제조용 밀링머신[10]을 소련에 불법 수출하였고 그것에 대한 제제로 일본은 도시바에게 1년간 수출 금지 조치를 내렸다. 또한, 미국은 도시바의 3년간 대미 수출 금지 및 미국 정부의 입찰 참가를 금지하는 처벌을 내렸다.[11]

이 사건이 발생하면서 일본은 안전 보장과 관련된 수출 통제를 위한 법률 규정을 만들었고, 전략 무기와 관련된 물품의 수출 통제 시스템을 만들었다. 이렇게 만들어진 일본의 전략 물자 관리에 관한 규정들은 국가 간 무역이 자유롭게 이루어지는 것을 위해 최소한의 통제와 조정을 목적으로 이루어졌다. 그러나 최근 일본의 수출 규제 조치는 애초 외환법이 만들어지고 전략 물자 관리에 대한 규정을 만들 당시의 목적을 망각하고 오히려 경제 침략을 위해 '무기화'했다는 점에서 비난을 피할 수 없는 상황이다.

일본 수출 규제 관련 법령

일본의 수출 규제는 '외환법'을 근거로 이루어진다. '외환법 제25조 제1항'은 '국제평화와 안전의 유지를 방해한다고 인정되는 것'의 '특정물품의 설계, 제조 또는 사용에 필요한 기술'을 수출하고자 할 때는 '경제산업대신의 허가를 받아야 한다'고 규정하여 관련 기술의 수출을 통제하고 있다. 또한 '동 법 제48조 제1항'은 '국제평화와 안전의 유지를 방해한다고 인정'되는 '특정 종류의 물자'를 수출하려고 하는 경우 '경제산업대신의 허가를 받아야 한다'고 규정하여 물품의 수출을 규제하고 있다.

외환법의 하위법령인 〈정령〉 '수출무역관리령'과 '외국환령'은 각각 통제 물품과 통제 기술을 규정하며 통제의 개요, 통제 대상 품목과 지역 등을 정하고 있다. '수출무역관리령 별표 제1 및 제2 외국환령 별표'에 근거하여 '물품 기술 등을 정하는 성령', '캐치올 통제 관련 수출물품이 핵무기 개발 등에 이용될 우려가 있는 경우를 정한 성령' 등이 별도로 규정되어 세부사항을 각각 정하고 있다. 그 밖에 통달을 통해 통제 대상 물품 및 기술에 대해 자세히 규정하고 있다.

일본은 수출업체의 수출 통제를 두 가지 방식으로 하고 있는데 리스트 통제List control와 상황허가 통제Catch all control이다. 리스트 통제를 주로 하고 상황허가 통제가 보충적으로 이루어지고 있다.

리스트 통제의 경우 수출업자는 '수출무역관리령' 별표 1의 제1~15항에

그림-1. 일본의 수출통제 관련 법 규정과 체계

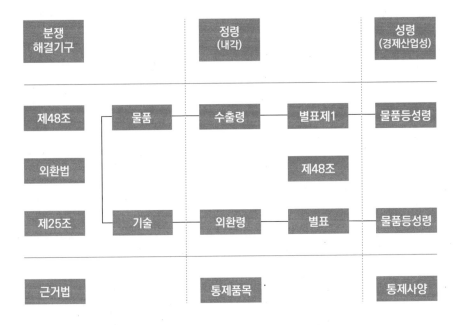

출처 : 수출통제 Issue Report 2019.7.5. KOSTI

포함되어 있는 통제 목록에 들어 있는 품목을 수출하는 경우 경제산업성의 허가를 받아야 한다. 통제 목록은 국제적으로 통일되어 있기 때문에 일본의 수출기업이 어느 나라를 막론하고 외국에 있는 자사 소유의 기업이나 공장에 수출하는 경우에도 허가를 받아야 한다.

상황허가 통제 즉, 캐치올 통제는 '대량살상무기 확산프로그램에 기여하지 않는다는 것이 확실한 품목을 제외한 나머지 품목'에 대해 상황에 따라 통제하고 있다. 이때 화이트리스트에 포함된 국가의 경우 상황허가 통제를 받지 않는다. 이와 관련하여 법률과 정령, 성령 이외에도 고시와 통달을 통해

표-2. 일본의 수출규제에 관련된 법령

법률	「외국환 및 외국무역법」(이하, 외환법) 제25조 제1항 국제평화와 안전의 유지를 방해한다고 인정되는 것으로서 정령에서 정하는 특정 종류의 물품의 설계, 제조 또는 사용에 필요한 기술을 특정지역에 제공하는 것을 목적으로 하는 거래를 하고자 하는 거주자 또는 비거주자, 또는 특정 기술을 특정국의 비거주자에게 제공하고자 하는 거주자는 정령에서 정하는 바에 따라 당해 거래에 대해 경제산업대신의 허가를 받아야한다. 第二十五条 国際的な平和及び安全の維持を妨げることとなると認められるものとして政令で定める特定の種類の貨物の設計、製造若しくは使用に係る技術（以下「特定技術」という。）を特定の外国（以下「特定国」という。）において提供することを目的とする取引を行おうとする居住者若しくは非居住者又は特定技術を特定国の非居住者に提供することを目的とする取引を行おうとする居住者は、政令で定めるところにより、当該取引について、経済産業大臣の許可を受けなければならない。 제48조 제1항 국제평화와 안전의 유지를 방해한다고 인정되는 것으로서 정령에 정하는 특정지역을 목적지로 하는 특정 종류의 물자를 수출하려고 하는 자는 정령에서 정하는 바에 따라 경제산업대신의 허가를 받아야 한다." 第四十八条 国際的な平和及び安全の維持を妨げることとなると認められるものとして政令で定める特定の地域を仕向地とする特定の種類の貨物の輸出をしようとする者は、政令で定めるところにより、経済産業大臣の許可を受けなければならない。
정령	「수출무역관리령」 (외국환 및 외국무역법 제48조 제1항에 따른 통제대상 품목을 규정) 「외환령」 (외국환 및 외국무역법 제25조 제1항 1호에 따른 통제대상 기술을 규정)

자세한 내용을 규정하고 있다.

2019년 7월 1일. 일본 정부는 한국으로 수출하는 주요 부품 소재 3가지의 수출 규제 강화를 발표하였다. 일본은 〈통달〉인 '수출무역관리령의 운용에 대하여'의 일부를 개정하여 기존의 [이い 지역]에 포함되었던 한국을 [리り 지역]에 포함시켰다. 이렇게 한국이 [리り 지역] 국가에 포함되면서 기존의 포괄 수출 허가에서 개별 수출 허가로 전환되었고, 7월 4일부터 3가지 품목 '플루오린 폴리이미드, 포토레지스트^{감광액}와 에칭가스^{고순도 불화수소}'를 한국으로 수출할 때 개별 수출 허가를 받아야 한다.

기존의 포괄 수출 허가 대상이었을 경우, 한 번의 수출 허가로 별도의 추가적인 수출 허가 신청 없이 3년간 수출이 가능했지만, 이번 일본의 조치로 한국으로 관련 품목을 수출하려는 일본 기업은 수출하는 1건당 매번 심사 및 허가를 받아야 한다. 그 신청의 심사에 걸리는 기간은 최장 90일로 예상된다.

규제 대상이 된 품목은 플루오린 폴리이미드, 레지스트 그리고 고순도 불화수소 즉, 에칭가스 등의 3가지 품목이다. 플루오린 폴리이미드는 스마트폰 액정, 유기EL 패널 등의 필름 재료이고 레지스트는 반도체의 노광 공정에 사용되는 감광재인데, 이번 규제 대상은 EUV^{극자외선} 레지스트와 반도체의 세정 공정에 사용되는 에칭가스 등이다.[12] 이미 예상하고 있는 바와 같이 위의 3가지 품목은 모두 한국의 반도체, 디스플레이 산업의 핵심 주요 부품이다. 이러한 품목을 정확하게 지목하여 수출 규제를 하는 일본의 의도는 단순히 '국가 안보상의 수출강화조치' 그 이상의 목적이 있다고 할 수 있다.

표-3. 일본 수출관리제도 규제 개요

구분	리스트규제	캐치올(catch-all) 규제		
		대량살상무기 (2002.4.~)	재래식무기 (2008.11.~)	
규제대상	무기, 원자력, 화학무기, 미사일, 첨단소재 등(수출령 별표 제1의 1~15항)	식품, 목재 등을 제외한 리스트 규제 품목 외 전 품목 (수출령 별표 제1의 16항)		
대상 국가·지역	전 지역	화이트국가(A)를 제외한 전 지역	UN 안보리 결의에 따라 무기 및 관련 수출이 금지된 국가(B)	(A)(B)를 제외한 모든 국가
허가가 필요한 조건	-	대량살상 무기 등의 개발 등에 사용될 우려가 있는 경우 1. 경제산업대신의 통지 2. 수출업자의 판단	재래식 무기의 개발에 사용될 우려가 있는 경우 1. 경제신입대신의 통지 2. 수출업자의 판단	재래식 무기의 개발 등에 이용될 우려가 있는 경우 1. 경제산업대신의 통지

자료 : **經濟産業省** 貿易管理部(2019),「安全保障貿易管理について」
출처 : 일본의 對한국 수출규제와 전망, KIEP 기초자료 19-11, KIEP

일본은 '수출무역관리령^{이하 수출령} 별표3'에 화이트리스트에 포함된 국가를 지정하고 있다. 그 기준은 첫째, NPTT^{핵확산금지조약}, BWC^{생물무기금지조약}, CWCI^{화학무기금지조약} 등 국제 수출 통제 체제에 가입되어 있고 둘째, 바세나르체제^{Wassenaar Arrangement, 1996년 출범한 다자간 전략물자 수출통제체제로, 무기와 전략물자 및 기술 수출을 통제함} 등 모든 국제 수출 통제 체제에 참여해야 하고, 셋째, 캐치올 제도, 즉 포괄규제를 시행하여 수출 통제를 철저히 이행하고 있는 등 모든 조건을 충족하게 되면 화이트리스트로 지정한다. 개정 전까지 총 27개 국가[13]를 백색국가로 정하고 있다. 일본의 이번 조치로, 이 명단에서 한국이 제외되면서 한국으로 수출하려는 전략 물자로 정하는 물품은 강력한 통제 규정이 적용된다.

우선, '수출무역관리령 별표 1의 통제품목Controlled Item 제16항'에 해당되는 비전략물자[14]를 한국으로 수출하는 경우에 캐치올 규제를 받아야 한다. 이 규정에 의해 일본의 수출업체가 한국으로 해당 품목을 수출하는 경우, WMDWeapon of mass destruction, 대량살상무기 및 미사일, 재래식 무기 등과 관련된 용도로 사용될 위험이 있다고 판단되면 경제산업성의 허가를 받아야 한다.

변경사항을 좀 더 자세히 살펴보면 일단 이전 화이트리스트에 포함되었을 경우 '일반포괄허가' 또는 '특별일반포괄허가'를 받았지만 수출 건당 '개별허가'를 신청해야 하고, 수출허가 신청기관도 수출하려는 기업의 편의에 따라 일본 경제산업성, 경제산업국 또는 지역사무소 중 하나를 택하여 신청할 수 있었지만 이후에는 반드시 경제산업성 안전보장무역심사과(본성)에 신청해야 한다. 심사기간도 이전에는 평균 7일 정도 걸렸지만 변경 후 90일 이내로 길어졌다. 무엇보다 신청 서류도 보다 많아졌다. 기존에 3개의 서류가 필요했다면 변경 이후, 7가지의 서류를 구비해야 한다.[15]

이러한 조치로 인하여 원칙적으로 일본의 수출 통제 가능 물품은 1,194개로 늘어났다. 기존의 민감 품목에 포함되어 건별 허가가 적용되는 품목을 제외하고, 국내에서 사용하지 않는 물품과 일본에서 생산되지 않고 관련이

적은 품목 등을 제외하면 159개의 품목이 영향을 받을 것으로 예상했으나 8월 7일 '수출무역관리령' 개정안 발표 내용에 추가적으로 개별허가를 받아야 하는 품목이 기존의 3개 품목 이외에 더 추가된 품목은 없었다. 하지만, 법 규정에 의해 안정적인 수출 혜택을 받지 못해 수입이 원활하지 못할 것이라는 예상과 허가 단계에서 일본 경제산업성의 자의적 판단에 따라 수출 규제가 더 심해질 수 있다는 것이 현재로선 가장 큰 불안요소라고 할 수 있다.

1.3.
일본의
반도체 산업

일본 반도체 산업의 과거와 현재

세계 반도체 시장을 살펴보면, 2017년 한국의 D램은 메모리 반도체시장의 90% 이상을 점유[16]하고 있다. 시스템반도체 시장은 70% 이상을 미국이 차지하고 있고 유럽 9.5%, 대만 6.9%, 일본 6.0%, 그리고 한국이 3.0% 순이다. 이렇게 한국 기업의 메모리반도체의 세계시장 점유율은 타의 추종을 불허하는 위치에 있다. 하지만 반도체 생산에 필수적인 첨단 부품 소재 및 장비는 일본 업체들이 실리콘웨이퍼를 중심으로 신소재 개발을 주도하면서 세계시장을 지배하고 있다.

과거 1980년대 일본의 반도체 산업은 전 세계를 장악했다. 1980년대에 들어서서 D램 수요가 증가하자 그 당시 반도체 빅5라고 불리던 도시바, 히타치, 후지쯔, 미쓰비시, NEC 등의 일본 기업들이 1970년대까지 세계시장을 선도하던 미국을 제치고 전 세계 메모리반도체 시장의 80%를 장악했다. 미국을 따돌리고 반도체 강국으로 자리매김하면서 일본은 부품 소재와 장비까지 모두 국산화하는 전략, 즉 수직계열화를 통해 약 10년 동안 승승장구했지만 1990년대 개인용 컴퓨터의 수요가 폭발적으로 발생하면서 한국 기업들이 가격경쟁력에서 일본을 누르고 세계 메모리반도체 시장 1위를 차지했다.

한국이 가격경쟁력에서 우위를 점할 수 있었던 이유는 국제 분업을 아주 효율적으로 이용할 수 있었기 때문이다. 첨단 소재의 국산화 대신 다른 나라의 소재와 부품을 싸게 수입하여 반도체를 만들기 시작하면서 세계 반도체 시장을 지배할 수 있었다. 하지만 일본은 자국 기업의 비싼 부품을 고집했고 그 결과 일본의 반도체 산업은 쇠퇴일로를 걸었다. 도시바를 제외한 다른 기업들은 한국 제품의 가격경쟁력에 밀려 모두 메모리반도체 시장에서 철수했다.

당연한 결과였지만 현재 일본이 반도체 소재 장비 산업에 집중한 것은 글로벌 밸류체인Global Value Chain, GCV에 한 몫을 하기 위해서 어쩔 수 없는 선택이라고 할 수 있다.[17] 긴밀한 국제 분업 체제 하에서 각국이 협력을 통해 경제 발전을 도모하는 상황에서 일본이 세계시장을 장악하고 있는 반도체 부품 소재 및 장비를 무기로 한국의 반도체 산업을 압박한다는 것은 세계 경제 질서를 뒤흔들 수 있는 무모한 일이다.

글로벌 밸류체인Global Value Chain, GVC은 상품의 설계, 부품과 원재료의 조달, 생산, 유통, 판매에 이르기까지 각 세분화된 과정이 어느 한 국가가 아닌 비용 면에서 우위가 있는 국가에서 이루어지면서 각 단계별로 부가가치가 창출되는 세계 교역의 새로운 패러다임을 말한다. 오늘날 많은 수출기업들은 비용절감을 위해 생산시설을 해외에 두고 여러 나라들로부터 부품을 조달하여 생산하고 수출, 판매도 현지에서 이뤄진다. 이와 같이 제품의 생산과 판매를 위한 다양한 단계들이 각기 다른 국가에서 발생하면서 세계 교역 구조는 상호 유기적인 연계성을 갖게 되었다. 세계시장에서 경쟁력 있는 제품과 서비스를 생산하려면 기업은 각 단계를 효율적으로 분리하고 최적 국가에서 생산을 통해 부가가치를 극대화할 수 있는 역량의 확보가 무엇보다도 필요하게 되었다. GVC 접근법은 생산의 분절화와 탈집중화, 개발도상국으로의 최종시장의 중심 이동으로 인해 세계경제의 분업이 변모하고 있음을 잘 보여준다.

출처: 한국은행, 경제용어사전

디스플레이 산업의 현재 일본의 위치

세계 디스플레이 시장은 LCD, OLED로 구분되고 있다. 전 세계 디스플레이 시장규모는 2017년 기준으로 1,251억 달러에서 2024년 1,455억 달러로 연평균 4.2% 증가할 것으로 예상되고 있다. 2017년 LCD 시장규모는 1,014억 달러로 전체 시장의 81%를 점유하고 있으나 최근 모바일 분야에서 우리나라와 중국 그리고 애플이 OLED를 채택하면서 OLED 시장이 급격히 성장할 것으로 보인다. 이러한 디스플레이 경쟁력에 큰 영향을 주는 요인을 살펴보면, 양산 기술력 및 고화질을 구현할 수 있는 기술력이 가장 중요한데, 이를 뒷받침할 수 있는 핵심 소재 부품 장비 개발이 더욱 중요하다.

세계 시장에서 한국의 점유율을 보면 전 부문 1위를 지속하고 있지만 중국의 점유율이 빠르게 상승하고 있는 추세이다. 디스플레이는 우리나라를 포함하여 중국, 대만 그리고 일본 단 4개국만이 생산하고 있는데 이 중에서 중국은 2017년 현재 우리나라의 LCD 생산 능력을 추월했고 2020년에는 51%를 넘어설 것으로 예상된다.

표-4. 국가별 LCD패널과 OLED패널 시장 점유율 (2017년 기준, 단위 %)

	LCD패널	OLED패널
한국	33.2	96.6
대만	23.2	1.0
일본	17.5	0.8
중국	24.8	1.6
기타	1.1	0.1

자료: IHS KDIA
출처: 2017-2018 산업통상자원백서. 저자 재작성

2017년 기준으로 일본의 LCD패널의 시장점유율은 17.5%로 한국의 33.2%, 중국 24.8% 그리고 대만 23.3%에 이어 4위이며, OLED 시장점유율은 한국이 96.6%로 압도적이나 일본은 0.8% 수준에서 머물고 있다. 사실, 우리나라의 디스플레이 산업도 풀어야 할 많은 숙제가 있는데 반도체와 마찬가지로 핵심장비, 부품 및 소재는 수입에 의존하고 있다는 것이다. 일부 장비 및 부품의 국산화율은 높아지고 있지만 주요 소재 생산의 원천기술은 아직 부족한 실정이다.[18]

아베의 일본은 아베노믹스의 주요 정책으로 4차 산업혁명에 대비하기 위한 정책을 마련했다. 일본 기업들은 강도 높은 구조조정을 통해 자국 기업 간 협력을 더욱 강화했다. 도시바, 소니 히타치 3사의 디스플레이 사업을 통합하여 재팬디스플레이[JDI]를 설립하는 등 중소형 LCD 및 OLED 사업을 집중 육성하는 데 온 힘을 쏟고 있다. 하지만 한국과 비교해볼 때 시장점유율에서 볼 수 있는 바와 같이 생산량과 그 기술의 격차가 크게 벌어져 있다. 중국이 무섭게 성장하고 있는 디스플레이 산업에서 일본이 기술과 설비에 막대한 투자를 한다고 해도 그 격차를 따라잡을 수 있을지 누구도 장담할 수 없는 상황이다. 이렇게 아베노믹스의 정책은 아직까지 제대로 된 응답을 받지 못하고 있다.

1.4.
한국의 반도체 산업과
일본의 수출규제 조치의 영향

한국의 반도체 산업

반도체는 '산업의 쌀'이라 부른다. 첨단산업의 발달과 함께 없어서는 안될 주요 부품인 반도체는 1971년 미국 인텔사에서 개발한 이후 미국이 전 세계 수출시장을 장악했고 뒤이어 일본이 그 자리를 이어 받아 1980년대 호황을 누렸다. 하지만 한국에게 밀리면서 1990년대 반도체 시장에서 선두 자리를 한국에 넘겨주었다.

가격경쟁력을 무기로 우리나라의 D램은 2019년 현재 메모리반도체 시장의 90%를 점유하고 있다. 반도체는 저장, 제어 등 7개의 주요 기능이 있으며, 메모리반도체는 데이터를 저장하는 역할을 하고 비메모리반도체는 제어나 계산, 연산 등의 기능을 수행한다. 메모리반도체, D램은 동일한 용량을 대량으로 생산하는 방식으로 가격경쟁력이 가장 중요한 품목이다. 일본이 세계 반도체 시장을 휩쓸던 1980년대에는 디자인 및 설계 공정, 웨이퍼 가공 공정, 조립 및 테스트 공정 등 모든 과정을 자체적으로 수행하는 방식의 종합 반도체 기업이 주도했으나 1990년 무렵 웨이퍼 가공 전문 제조업체가 등장하면서 산업분화, 전문화가 이루어졌고 그 시기 우리나라 기업들은 재빨리 국제 분업 체제를 이용하여 반도체 제품의 가격경쟁력으로 일본을 뛰어넘어 현재까지 전 세계 시장을 장악하고 있다.

표-5. 우리나라의 반도체 산업 현황 (2017년 기준)

메모리 반도체 세계 시장 점유율	60.7%
D램 시장 점유율	72.2% (세계 1위)
반도체 수출	979억 달러
전체 수출에서 차지하는 비중	전체 수출의 약 17% (5,737억 달러 중 979억 달러)
주요 수출 국가 및 수출실적 (단위 : 백만달러)	중국/홍콩 33,354
	대만 4,401
	미국 3,379
	싱가포르 3,144
	EU 1,788
	일본 1,180

출처 : '2017-2018 산업통상 자원백서 - 산업편', 2018. 산업통상자원부, 저자 재작성.

2017년 기준으로 메모리반도체 분야에서 세계시장의 60.7%를 점유하고 있으며 D램은 부동의 세계 1위로 72.2%를 차지하고 있다. 수출 금액으로 보면 반도체는 979억 달러로 우리나라 전체 수출의 17%를 차지하고 있고, 단일 품목 사상 최초로 연간 수출액 900억 달러를 돌파했다. 하지만 최근 미국과 중국의 무역전쟁이 심화됨에 따라 두 나라 모두 경기가 둔화되는 모습을 보이고 있다. 이것은 곧 반도체의 글로벌 수요 감소로 이어지고 한국의 반도체 단가 하락과 겹치면서 우리나라 수출에 악영향을 미치고 있다. 반도체 수출 감소는 우리 경제가 부진한 모습을 보이는 주요한 원인이다. 실제로 2019년 1/4분기 반도체 수출 단가는 2018년 4/4분기보다 크게 떨어진 21.4%의 감소를 보이고 있다.

일본의 무역 관련 규제 조치로 우리나라의 경제에는 어떤 피해가 예상될까. 우선적으로 우리나라 반도체 디스플레이 산업에 심각한 피해가 예상된다. 해당 산업에 중요한 핵심 소재 3가지는 일본으로부터 대부분 수입하고 있기 때문이다. 2018년 한국이 일본으로부터 수입한 3가지 품목의 수입 비중을 보면 각각 포토레지스트 93.2%, 폴리이미드필름 84.5%, 불화수소는 41.9%에 달할 정도로 일본 의존도가 높다.[19]

한 가지 짚어봐야 할 것은 한국과 일본의 무역 구조이다. 한국은 일본과의 무역에서 만성적인 적자에 시달리고 있는데 가장 큰 원인은 일본으로부터 수입하는 소재 부품의 규모가 크다는 점이다. 당연히 우리나라의 반도체 관련 수출이 증가하면 할수록 일본으로부터의 수입이 늘어나게 된다. 반대로 우리나라의 수출이 감소하면 일본과의 무역적자 폭은 줄어든다.

2017년 기준, 우리나라의 무역흑자는 954억 달러를 기록했지만 같은 해 일본으로부터의 수입은 증가하여 대 일본 무역적자는 283억 달러였고 그 중 160억 달러가 소재 부품 산업의 수입으로 인한 적자로 나타났다. 과거 2010 년에 사상 최대인 약 361억 달러가 넘는 대일 무역적자를 기록했다.[20] 2010 년 이후 대 일본 무역적자 폭은 줄어들고 있는 추세이지만 여전히 대일 무역 적자는 우리나라 경제에 큰 걸림돌이 되고 있다.

2018년에도 한국은 일본으로부터 약 546억 달러 규모의 수입이 있었고, 이 중 262억 달러가 부품 소재 부문이다. 같은 해 대일 무역적자는 249억 달러이고 이 중 부품 소재 수입으로 인한 적자는 113억 달러를 차지했다. 여전히 우리나라는 부품 소재 수입의 대부분을 일본에 의존하고 있는 상황이다.[21]

일본의 규제로 타격을 입을 가능성이 높은 반도체 기업들은 삼성전자, LG디스플레이 등 대기업뿐만 아니라 스마트폰과 TV 핵심 부품을 생산에 관련된 1,000여 개 중소기업도 포함된다. 일본의 규제가 강화되고 장기화 되는 경우 부품 소재가 중단되거나 대체 수입처를 찾아야 하는 등 리스크가 증가하고, 생산 원가의 상승으로 이어지게 되는 경우 기업들의 피해는 더 커질 수 있다.

또한 한국이 화이트리스트에서 제외된 상황에서 일본의 '수출무역관리 령 별표 1. 통제품목의 제16항에 해당되는 비전략물자'는 그 품목이 광범위 하여 반도체, 디스플레이 생산기업들뿐만 아니라 일본으로부터 생산에 필요한 원재료 소재 등을 수입해야 하는 한국의 다른 부문의 기업들도 피해를 입을 가능성이 크다.

　한국의 반도체 산업은 2018년과 2019년 미국과 중국의 경제 무역전쟁의 영향으로 수출이 감소했다. 뿐만 아니라 반도체 가격도 하락하는 등 어려움을 겪고 있는 상황에서 일본의 수출 규제는 한국 첨단산업의 급소를 노렸다고 할 수 있다. 무엇보다 한국이 D램 반도체 생산을 시작하던 초기부터 가격 경쟁력을 갖출 수 있었던 국제 분업, 더 조직화된 글로벌 밸류체인의 구조를 흔들었다는 것이 더욱 심각한 문제라고 할 수 있다.

1.5.
아베의
발목을 잡는 2가지

일본의 최장수 총리 아베 신조. 일본 경제를 침체에서 벗어나게 하고, 여러 가지 국가 경제문제, 국가부채, 적자재정, 인구고령화와 노동인구 부족 등을 해결해야 하는 시점에서 아베는 강한 일본을 만들겠다는 집념으로 평화헌법 9조를 개정하기 위해 갖은 노력을 다 하고 있다. 하지만 갈 길이 먼 아베의 발목을 잡는 중대한 사건이 있다. 그 한 가지는 우리나라 일제 강제동원 피해자들이 낸 소송에서 대한민국 대법원이 승소 판결을 내린 것이고, 다른 하나는 여전히 침체에서 벗어나지 못하는 일본의 경제 상황이다.

일제 강제동원[22] 피해자의 한국 대법원 승소판결

　　한국과 일본을 둘러싼 국제정치의 상황뿐만 아니라 한국과의 관계에서 발생하는 여러 문제들은 일본과 아베의 발목을 잡고 있다. 그 첫 번째는 '한국 대법원의 일제 강제동원 피해자의 배상청구 승소판결'이다. 원고인 일제 강제동원 피해자들은 아주 힘들고 긴 시간을 기다려 결국 승소했고 그 이후 배상을 받기 위한 절차를 진행 중이다. 하지만 일본의 전범기업들은 법적인 공방을 계속하며 아베 정부의 뒤에서 양국 두 나라가 협상을 통해 해결해야 한다는 주장만 되풀이하고 있다. 역사 왜곡과 더불어 과거의 잘못을 인정하고 반성하는 태도는 전혀 보이고 있지 않으면서 오히려 무역을 무기로 한국 핵심 산업 소재에 대한 수출 규제 조치를 시행하여 무역전쟁 선포를 한 아베의 의도는 분명하다. 바로 일본의 헌법 9조 개헌이다.

　　일본의 개헌을 강력하게 주장하고 있는 아베에게 강제동원 피해자에 대한 배상 판결은 그야말로 일본이 이제는 평화국이라 선포하고 전쟁 가능 국가로서 거듭나겠다는 의지를 한풀 꺾이게 만들 수 있는 일임에 분명하다.

　　대법원의 승소 판결 이후, 강제동원 피해자들은 전범기업의 한국 내 자산을 압류했다. 추후 해결해야 하는 법적 문제들이 많으나 결국 한국 내 전범기업의 자산들은 매각 절차를 밟게 되고 강제동원 피해자에게 손해 배상을 해야 하는 상황이다. 결국 일본의 전범기업들이 부담해야 하는 손해 배상도 큰 부담이 될 것임에 분명할 것이고 따라서 아베는 적극적으로 책임을 회피하는 방식으로 대응하고 있다. 정치적 문제뿐만 아니라 경제적인 측면에서 아베의 수출 규제 조치에 대한 원인을 찾을 수 있다.

침체에서 벗어나지 못하고 있는 일본 경제

두 번째로 아베의 강력한 경제 정책에도 불구하고 여전히 침체에 빠져 있는 일본 경제와 무섭게 일본을 따라잡고 있는 한국이 중요한 이유가 될 수 있다. 여전히 일본은 세계 3위의 경제대국이다. 2018년 세계은행World Bank에서 미 달러화로 환산하여 발표한 각국의 GDP 자료에서 1위는 미국, 2위는 중국 그리고 3위가 일본이다. 우리나라는 12위에 머물렀다.

WTO에서 2019년 발간한 자료에서도 상품과 서비스 무역의 규모를 2008년과 2018년 당시로 비교했을 때 1위는 변동 없이 미국이 차지했다. 2008년 2위에 머물렀던 독일은 3위로, 3위였던 중국은 2위로 치고 올라갔으며, 일본은 미국, 중국, 독일 다음으로 4위를 차지했다. 한국은 2008년과 2018년 비교에서 변화 없이 9위를 차지했다.[23] 아직은 한국이 세계경제에서 차지하는 위치가 일본과 비교해 뒤처져 있는 것은 사실이다.

그림-2. 세계 상품 및 서비스 무역 국가 순위(2008년, 2018년 기준)

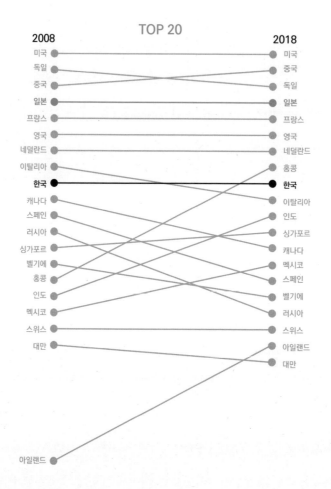

자료 : WTO-UNCTAD-ITC estimates.
출처 : World Trade Statistical Review 2019, WTO.

현재 일본 경제가 안고 있는 문제는 내수시장의 침체, 만성적자에 시달리

는 국가재정 그리고 심각한 국가부채 규모 이 세 가지를 들 수 있다. 다음 장

에서 보다 자세히 설명하겠지만, 아베 정부의 경제 정책을 아베노믹스라고 한다. 아베는 일본 경제의 암흑기라고 할 수 있는 '잃어버린 10년' 이후, 침체에서 벗어나지 못하고 있는 경제를 살리고자 성장 전략으로 아베노믹스를 들고 나왔다. 재정적자를 줄이고 합리적인 수준의 물가 상승을 유도하고 국가 부채 문제를 해결하는 등, 종합 패키지라고 불리는 정책을 통해 일본의 경제가 회복될 수 있는 '분위기를 만드는 것'에 성공했을 뿐이다.

일본은 2019년 10월 1일자로 기존의 8%에서 10% 수준의 소비세율 인상을 결정했다. 일본 경제를 떠받치는 한 축, 내수소비가 살아나지 않고 있는 상황에서 소비세율을 인상하는 결정은 한 편으로 재정적자를 해소해야 하는 일본 정부의 고육지책이다. 아베는 심각한 내수침체의 상황에서도 세금을 더 많이 걷어 다른 부분의 발전까지 이뤄내야 하는 복잡하고 심각한 경제 문제에 처했다고 할 수 있다.

사실 일본 경제의 상황은 경제지표를 볼 때 완만한 회복세에 들어섰다는 평가를 받기도 한다. 일본의 최장수 총리라는 타이틀은 일본 경제를 되살릴 수 있다는 일본 국민들의 믿음이 만들어준 것이다. 하지만 여전히 수많은 문제를 해결해야 하고 2% 물가성장률은 여전히 실현 불가능하고 디플레이션을 걱정해야 한다는 전망이 대부분인 상황에서 아베는 정치적 돌파구로 한국의 화이트리스트 배제, 수출 규제 강화라는 카드를 내밀 수밖에 없는 상황이다.

일본은 여전히 경기침체에서 완전히 벗어나지 못하고 있다. 아베노믹스의 강력한 경기 부양 정책에도 불구하고 경제성장률은 만족할 만한 수치를 보여주지 못하고 내수소비 회복에 실패하여 여전히 제자리걸음이다. 재정 적자와 일본의 국가 부채 상황은 개선될 여지가 보이지 않는다. 여기에 아베 정권이 간절히 원하고 있는 헌법 개정도 지난 참의원 선거에서 필요한 의석을 유지하는 데 실패했다. 더불어 한반도 평화 프로세스는 남한과 북한이 평화적인 논의를 통해 한 발 한 발 진행하고 있는 상황에 재팬 패싱이라는 단어마저 등장했다. 한반도 문제에서 일본을 배제하자는 목소리가 나왔던 것이다. 그만큼 국제무대에서 일본의 입지가 흔들리고 있다는 것이 아베로 하여금 한국을 압박하는 카드로 '수출규제조치'를 시행했다고 볼 수 있다.

8월 7일 일본 정부의 발표는 한국의 주요 산업을 압박하려는 일본이 한 발 물러섰다고 할 수 있지만 안심할 수 없는 상황이다. 분명한 것은 일본이 정치와 외교로 해결해야 하는 문제를 한국과의 무역 관계를 악화시키는 방식으로 접근하고 있다는 사실이다. 7월 4일 한국을 겨냥하여 수출 규제를 시작한 일본 정부의 태도는 분명 한국 첨단 산업에 타격을 주기 위한 것이라 예상할 수 있었다. 한국 정부는 무역 규제가 경제보복이고 통상을 무기로 하여 한국의 첨단 산업을 견제하는 것이라고 판단했다.

이것은 정치적인 문제를 그들의 주장대로 확실하게 해결할 수 없는 일본 정부가 한국의 약점을 쥐고 우위에 서고자 하는 의도가 명백하다. 일제 강제 동원 피해자의 대법원 승소 판결에 순응하지 않고 경제적인 압박으로 자신들

이 원하는 것을 얻으려는 일본은 세계 무역 3위의 대국으로서 해서는 안 될

방식을 선택한 것이다.

Sinuiju

Hyesan

Hamheung

Wonsan

Pyeongyang **KOREA** EA

Ulleung-Do

Gaeseong

Icheon SEOUL Dok-Do

Daegu

Ulsan

Gwangju Busan Hiro

Kita

2

아베의 일본 그리고 아베노믹스

일본 경제산업성은 2019년 7월 1일 '반도체 및 디스플레이 소재의 수출 규제조치'로써 '수출강화조치'의 시행을 발표했다. 한일 양국 간 신뢰가 손상되었다는 이유를 들면서 '외환 및 외국무역법'에 근거하여 우리나라의 대일 의존도가 높은 3개 품목[24]의 수출 규제 조치를 2019년 7월 4일 즉각적으로 시행했다. 일본은 한 발 더 나아가 화이트리스트에서 한국을 제외하겠다고 발표했고 결국 2019년 8월 2일 일본은 한국을 백색국가에서 제외하기로 결정했으며 마침내 2019년 8월 28일 한국은 일본의 화이트리스트에서 제외되었다.

특히 일본 수입 의존도가 높은 품목을 골라 규제 조치를 시행한 의도는 우리나라의 대법원 판결[25]과 남북한 화합의 분위기로부터 위기감을 느낀 아베 정권의 무리한 조치라고 할 수 있다. 현재 한국과 일본의 무역 분쟁을 초래한 일본의 내각총리대신 아베는 누구일까? 또한 아베의 최장수 총리라는 이름을 안겨준 아베노믹스는 어떤 정책일까?

아베노믹스. 아베 신조의 이름 아베^{Abe}와 이코노믹스^{Economics}를 결합한 신조어로 아베가 총리가 된 이후 아베 내각의 경제 정책을 말한다. 아베는 장기 집권에 성공했다. 2021년 9월까지 정해진 임기를 다 채울 수 있다면 일본 역대 총리 중 최장수 총리가 된다. 단언컨대 일본 경제 정책 아베노믹스가 아베의 장기 집권에 성공할 수 있는 가장 중요한 요인이라고 할 수 있다.

2.1.
아베는
누구인가

아베 신조^{安倍晋三}는 1954년 일본 도쿄에서 태어났다. 아베의 외조부는 56대, 57대 총리를 지낸 기시 노부스케^{岸信介}이며, 아버지 아베 신타로^{安倍晋太郎}는 일본의 외무대신을 역임했다. 그는 일본의 대표적인 정치가문 출신이다. 일본 외무대신을 지낸 아베의 아버지 아베 신타로가 돌연 사망하게 되면서 아베는 아버지의 지역구를 이어받아 중의원 선거에 당선되면서 정치계에 입문했다.

2006년 내각총리대신으로 취임하지만 바로 다음 해인 2007년 총리직에서 사임했다. 그러나 2012년 12월 총선에서 승리하면서 총리대신으로 다시 취임했다. 2017년 10월 총선 승리, 2018년 9월 일본 자민당 총재 선거에서 또

다시 승리하면서 별다른 일[26]이 발생하지 않는다면 아베는 예정된 임기인 2021년 9월까지 총리직을 수행할 것으로 예상할 수 있다. 그렇게 된다면 아베는 90대, 96대, 97대 그리고 98대 내각총리대신으로 일본에서 가장 오랜 기간 동안 재임한 총리가 된다.

2013년 아베가 두 번째 총리직을 맡게 된 이후 한 저널 [Foreign Affairs, Vol.92, No.4 JULY/AUGUST 2013]에 짧은 인터뷰가 실렸는데 '일본이 돌아왔다Japan is Back'는 아주 도발적이고 자신만만한 한 마디가 그 대담의 제목이다. 아베의 2기 내각은 2013년 6월 일본의 성장전략日本再興戰略을 세웠는데 그 전략을 일컫는 것이 바로 '일본이 돌아왔다'이다. 이것이 바로 '아베노믹스'라고 불리는 핵심 경제정책이다.

이 대담에서 아베는 '3개의 화살three arrows'에 대해 언급하면서 그의 재임기간 동안 가장 중요하고 우선시해야 할 정책으로 일본 경제의 성장이라고 말했는데, 경제정책의 중요한 개념으로 '도전, 개방 그리고 혁신challenge, openness, innovation'을 꼽았다. 여기서 언급하고 있는 '3개의 화살'이란 장기침체에 빠진 일본의 경제를 되살리기 위한 전략이다.

이 대담에서 언급하고 있는 아베의 전략 목표 3가지는 첫째, '10조 엔 규모의 재정 부양a ten trillion yen fiscal stimulus', 둘째, '물가 안정 정책inflation targeting' 그리고 마지막으로 '구조개혁structural reform'이다. 즉 일본의 경제를 침체의 늪에서 구하기 위한 통화정책, 재정정책과 성장정책이라고 할 수 있다. 연이어 아베는 일본의 헌법 9조의 개정에 대해서 "헌법을 개정하는 것에 대해 자민당은 이미 개정을 위한 초안을 작성해 두었다"라는 대답을 하고 있다.

　일본 대다수 국민이 여전히 평화헌법의 개정에 대해 반대 입장을 보이고 있다는 대담자의 질문에 아베는 "50%가 넘는 일본인이 헌법을 수정하는 것에 지지를 보내고 있다"고 확신하면서 집단적 자위권을 행사할 수 있도록 일본의 헌법을 개정하려는 의지를 보였다. 그는 2019년 현재까지도 꾸준하게 개헌을 주장해왔는데 지난 21일 치러진 일본의 참의원 선거에서 헌법 개정 발의에 필요한 의석을 얻는 데는 실패했다. 그럼에도 불구하고 여전히 아베는 그의 정치 생명을 걸고 헌법 개정을 강력하게 추진하고 있다. 자민당 총재로서 재임하는 2021년 9월까지 국민투표를 통해서라도 일본의 '평화헌법'[27]을 개정하여 강력한 일본을 만들겠다는 열망을 감추지 않고 있다.

2.2.
아베노믹스는
무엇인가

아베는 총리로 재직하는 동안 일본 경제를 부흥시키려는 노력을 해왔고, 어느 정도의 성과를 바탕으로 최장기간 총리직 연임에 성공했다. 일본 경제를 침체에서 구해내고 정치적 지지 세력이 안정적으로 확보된 후 아베는 다시 전쟁을 할 수 있는 나라로서 패권을 장악하려는 의도를 적나라하게 보여주고 있다.

아베가 대내외적으로 보여주고 있는 정치, 경제 정책은 분명 일본 국민들에게 자국의 경제가 살아날 수 있다는 바람을 충족시켜주기에 충분하다는 견해가 일반적이다. 일본 내에서는 경제가 다시 살아나고 있다는 분위기만으로도 높은 지지를 받고 있는 상황이지만 일본의 주요 교역 상대국인 우리나라와 세계경제 질서에도 과연 긍정적이고 바람직한 정책을 펴고 있는지는 반드시 짚어봐야 할 일이다.

아베의 2기 내각은 2013년 '성장전략'을 세운 후 매년 6월, 각의閣議, 일본의 모든 각료가 모여 회의를 통해 의사를 결정하는 것를 통해 성장전략을 개편해왔다. 아베는 2013년 이후 일본 경제가 침체에서 벗어나기 위해 매년 성장전략의 방향을 수정하여 제시, 실행하면서 일본 경제가 이제는 다시 살아날 수 있다는 분위기를 만드는 것에 성공했다. 그것에 힘입어 일본 국민들에게 50% 이상의 지지를 받고 있다. 하지만 아베 내각의 경제 정책, 하나의 토털패키지로 불릴 만큼 강력한 경제 부양 정책인 아베노믹스는 그 정책의 실패가 가져올 파장에 대해 우려하는 사람들이 많다.

초기 아베노믹스

2013년 아베노믹스, 아베 내각의 경제 정책은 위에서 언급했던 '3개의 화살'로 명명된 물가안정정책, 재정부양 그리고 구조개혁이다. 이것은 수출중심, 대기업, 주요도시 중심으로 시행되었다. 기본적인 아베노믹스의 방향은 저금리와 엔저 정책으로 설명할 수 있다. 이러한 저금리 정책은 기업이 은행으로부터 대출을 받기에 유리하고 그 대출을 통해 대기업이 설비투자를 늘려 더 많은 생산을 할 수 있도록 만든다. 이렇게 저금리정책은 대기업이 투자를 통해 성장할 기회를 주게 된다. 또한 수출기업에 유리한 엔저 정책도 유지했다.

저금리와 엔저 정책을 유지했던 초기 아베노믹스는 대기업, 수출기업 위주의 성장을 통해 경제를 되살릴 수 있을 것이라고 낙관했다. 하지만 시행 초기부터 대기업과 수출기업의 성장이 경제 부양으로 이어지지 못할 것이라는 예상과 함께 비판적 시각이 많았다. 그러한 예상대로 대기업의 영업이익이 늘어나고 수출기업의 수출이 증가했지만 내수소비는 늘지 않았다. 결과적으로 2년 동안의 아베노믹스에 대한 평가는 일본 경기의 회복을 체감할 수 있는 수준까지 끌어올리지 못했다는 의견이 지배적이었다.

대기업 위주의 성장 정책은 결국 기업의 매출이 증가하고 고용이 확대되고 임금이 인상되어 최종적으로 소비자의 소비가 확대되면서 내수시장이 활성화되어 결과적으로 경기가 침체국면에서 벗어나 호황으로 이어지는 것을 목표로 했다. 하지만 기업의 매출증대가 고용확대, 임금인상 그리고 소비자의 소비증가로 이어지지 못했다. 뿐만 아니라 일본의 소비세율 인상은 경기침체로 지출을 줄여가는 상황에 소비자들이 지갑을 닫아 소비가 더욱 위축되는 결과로 이어졌다.

아베노믹스의 방향 전환

당연한 결과이겠지만, 2016년을 기점으로 아베노믹스는 확실하고 분명한 정책의 방향 전환을 보여준다. 일본은 한국과 마찬가지로 출생률이 점차 낮아지고 노동인구가 감소하고 고령인구가 증가하는 상황에 아베노믹스는 지방경제의 성장을 중심으로 개편되었다. 즉, 인구감소로 대두되는 문제를 해결하고, 중소도시를 중심으로 하는 지역경제의 발전을 목표로 삼았다.

지방으로의 고용을 유도하기 위해 대도시에서 소도시로 이주하는 경우 혜택을 주고 소도시, 지역의 특색을 살려 사람이 살기 좋은 곳으로 만들기 위해 생활 편리 서비스도 제공하도록 했다. 해당 지역의 주민들의 연대를 만들 수 있도록 했으며, 일본 내 특정 지역을 전략특구로 제정하여 규제 개혁을 실시했다. 이렇게 일본이 주요 도시와 대기업 우선으로 지원했던 과거의 정책에서 방향을 바꿔 소도시, 중소기업 등의 지원을 강화하여 지역 경제 발전을 도모했다.[28]

이것은 의료, 농업 부문 및 관광산업 육성, 4차 산업혁명과 관련된 산업구조의 개편과 규제 개혁에 중점을 두고 진행되었다. 인구 감소 현상이 불러오는 노동력 감소 문제를 타개하기 위해 정규직과 비정규직의 임금 격차 해소, 장기간 근로[29] 관행을 개선하고 외국인 노동자들의 유입을 원활하게 하는 정책을 시행했고 고령자의 취업을 지원하는 등 개혁을 추진했다.

아베는 총리 직속으로 심의 자문기구인 '구제개혁회의'를 설치하고 일반 의약품의 인터넷 판매를 승인하고 고급 외국 인력의 수용을 확대하는 등 의료 부문에서 필요한 인력을 원활하게 수급할 수 있도록 했다. 또한 각 기업의 새로 시행되는 사업과 기업이 필요로 하는 신기술의 도입을 정부가 적극적으로 지원했다.

  일본 인구의 감소세가 아주 뚜렷하고 소도시 농어촌을 중심으로 발전 전략을 모색해야 한다는 필요성이 강하게 대두되었던 시점에서 아베의 정책 방향 전환이 어느 정도는 성공적이었고 그 결과 아베 내각은 의료, 고용, 농업 등 3개 부문에서 규제 개혁을 통해 지역경제 활성화에 비교적 가시적인 성과를 거두었다는 평가를 받았다. 그렇다면 실제로 일본 경제 전반의 상황은 나아졌을까?

2.3.
아베노믹스의 핵심
– 엔화약세와 국가부채

우리가 아베노믹스를 이해하기 위해 짚고 넘어가야 할 것이 있다면 '엔화약세정책'과 일본의 '국가부채' 문제이다. 아베는 아베노믹스를 관통하는 '엔저정책'을 펴고 있다. 엔저 정책은 무엇일까? '엔저'는 일본의 통화 엔^{yen}과 저^低를 결합한 단어이다. 1달러 당 엔화 가치가 떨어지면 엔저, 가치가 올라가면 엔고라고 부른다.

예를 들어 지금 1달러를 100엔을 주고 샀는데 1달러로 90엔을 사게 되었다면 '엔고', 1달러를 주고 110엔을 받는다면 '엔저'라고 한다. 엔/달러 환율이 올라가면 엔저, 환율이 내려가면 엔고라고 부른다. 엔화 가치가 오르면 기업의 영업이익은 줄고 수출기업의 경쟁력이 떨어진다. 따라서 일본 기업의 수익을 높이기 위해서는 엔저 정책이 필수라고 할 수 있다.

일본은 아베노믹스 정책을 통해 엔화 가치를 떨어뜨리기 위한 양적금융완화 정책을 지속적으로 실시해왔다. 아베는 2013년 총리직에 당선된 이후, 2~3%의 물가상승을 목표로 금융을 완화하겠다고 발표했고, 그 이후 미국의 양적완화 정책에 버금갈 정도로 양적금융완화를 시행했다. 즉 일본의 금융정책은 무제한 양적완화정책으로 일본은행은 시중에 통화 공급량을 두 배로 늘렸다. 그만큼 엔화를 많이 찍어내 시중에 풀었다는 뜻이다. 엔/달러 환율은 2013년 아베노믹스에 힘입어 일본은행의 금융완화 정책을 통해 엔화의 약세가 유지되었다. 2013년 1달러당 85.9엔이었으나 2014년 119.5엔으로 시작된 엔저는 2018년 9월 기준 1달러에 113.6엔으로 약세가 계속되었다.

아베 정부는 심각한 경기침체에서 벗어나기 위해 다른 한 편으로 정부예산의 규모를 늘렸다. 2014년 당시 두 번째 총리 취임 이후 13조 1,000억 엔 규모의 추가경정예산을 편성했다. 정부의 지출이 늘고, 시중에 돈이 많이 풀리게 되면 엔/달러 환율은 올라가고 따라서 엔화의 가치가 하락하게 된다. 2014년 강력한 엔저 정책으로 일본중앙은행이 돈을 많이 찍어내고 정부가 돈을 많이 쓰면서 결국 일본 경제의 인플레이션율은 1.25% 수준으로 상승했다.

디플레이션 deflation

물가가 지속적으로 하락하는 현상을 말한다. 디플레이션이 발생하는 원인은 생산물의 과잉공급, 자산거품의 붕괴, 과도한 통화 긴축정책, 생산성 향상 등 다양하다. 그러나 궁극적으로는 유통되는 통화의 양이 재화 및 서비스의 양보다 적기 때문에 화폐 가치는 상승하고 반대로 물가는 하락하는 디플레이션이 발생한다는 점에 이견이 없다. 디플레이션이 발생하면 통화의 가치는 상승하고 실물자산의 가치는 하락함에 따라 인플레이션과 반대 방향으로 소득 및 부의 비자발적 재분배가 발생한다. 이외에도 실질금리 상승에 따른 총수요 감소, 실질임금 상승에 따른 고용 및 생산 감소, 소비 지출 연기에 따른 경제 활동 위축, 부채디플레이션에 따른 총수요 감소, 통화 및 재정 정책 등 정책적 대응 제약, 디플레이션 악순환 가능성 등의 문제를 일으킬 수 있다.

출처: 한국은행 경제용어사전

인플레이션inflation은 경제를 설명할 때 보통 부정적인 의미로 받아들이기도 한다. 하지만, 한 나라의 경제가 발전하고 성장하게 되면 일정 수준의 인플레이션 현상이 일어난다. 일본은 이제까지 디플레이션으로 골머리를 앓아왔다. 디플레이션은 인플레이션과 반대로 물가가 지속적으로 떨어지는 현상이다. 소비자들이 경기침체를 몸으로 체감하게 되면서 소비를 줄이기 시작하고 기업의 생산은 감소한다. 즉 기업은 판매가 되지 않는 물건들의 생산을 줄이게 된다. 이렇게 소비와 생산이 줄게 되면서 기업의 활동은 점차 위축되는데 결국 경기가 침체의 늪에 빠지게 된다. 일본의 경제는 여전히 이 디플레이션을 어떻게 해결해 나갈 것인가가 최대의 숙제다.

일본 국가 부채의 심각성

일본 경제의 중요한 또 한 가지 이슈는 국가 부채 문제이다. 현재 일본은 '국가부채'가 세계에서도 가장 높은 나라에 속한다. 아베는 일본의 경제 성장 전략인 아베노믹스를 통해 '디플레이션'과 '국가부채'의 해결을 최우선적 목표로 두고 있다. 일본은 왜 심각할 정도의 국가 부채를 지고 있는 것일까.

일본의 '잃어버린 10년'부터 국가 부채 문제가 시작된다. 보통 일본 경제의 암흑기를 '잃어버린 10년'이라고 하지만, 지금까지도 그 불황이 계속된다는 의미에서 혹자는 '일본의 잃어버린 20년'이라고도 부른다. 일본 경제의 끔찍한 '잃어버린 10년'은 1985년 미국과 일본의 환율협상인 '플라자합의'로부터 시작된다.

'플라자합의'는 미국이 일본과 뉴욕에 있는 플라자호텔에서 합의를 하여 붙인 이름이다. 그 당시 미국은 대외무역에서 심각할 정도로 적자를 보고 있었다. 미국은 최대 교역국 중 하나이자 대미 무역흑자를 기록하던 일본을 강하게 압박하기 시작했다. 달러 강세였던 미국은 일본에게 강제로 엔/달러 환율을 조정하도록 요구했다. 1달러에 235엔이었던 환율을 1달러 당 120엔으로의 강제 조정에 합의한 이후 미국의 무역적자는 호전되기 시작했다.

'플라자합의' 이후 일본은 강한 엔화로 부동산을 사들이기 시작했다. 부동산에 투자하면 하루가 다르게 그 값이 올랐고 그 호황은 끝없이 계속될 것 같았다. 하지만 거품이 꺼지면서 버블경제는 붕괴되었고 일본의 탄탄했던 경제는 '잃어버린 10년'의 시작이 되었다. 세계 최고 수준이었던 일본의 저축률은 떨어지고 기업은 빌려준 돈을 회수하여 부채를 상환했고 은행은 대출을 더 이상 해주지 않고 오히려 회수하기 시작했다. 이렇게 신용 경색 현상이 일어나자 일본에 투자했던 외국 기업들이 철수하면서 외국 자본은 빠르게 일본에서 빠져나가기 시작했다. 또한 돈을 서로 빌려주고 받을 수 없는 상황이 되고 실질금리가 오르게 되면서 금융부채 부담이 가중되기 시작했다.

결국 일본 경제에 디플레이션과 부채 증가라는 결과를 가져오게 되었다. 일본의 버블경제^{거품경제}가 붕괴된 이후 일본 정부는 막대한 재정 지출을 통해 경제 위기를 벗어나려 노력했다. 디플레이션 현상이 일어나게 되면 재화나 서비스보다 통화의 양이 부족하다고 판단하게 된다. 따라서 당연히 일본은 재정 지출을 더욱 확대했고 중앙은행은 통화 확대 정책을 통해 적절한 수준의 물가 상승을 유도하고자 노력했지만 오히려 디플레이션과 부채만 증가하는 결과를 가져왔다. 왜냐하면 일본의 소비자들이 거품경제 이후 소비를 극도로 자제하기 시작했고 실질수요가 감소하게 되면서 내수시장을 활성화하는 것에 실패했기 때문이다.

이렇게 일본의 잃어버린 10년, 아니 잃어버린 20년에서 벗어나기 위해 아베는 돈이 빠르게 흐를 수 있도록 만들어 불황을 벗어나려는 정책으로써 '아베노믹스' 정책을 시행했던 것이다. 그것이 국가 부채를 더욱 증가시킬 것이라는 일부 전문가들의 의견에도 불구하고 경제지표상으로 볼 때 부분적으로는 경기 침체에서 호전되는 양상을 보였다.

기업의 이익이 증가했고, 엔저로 인하여 원자재 수입 가격이 하락하면서 일부 수출 기업들이 흑자로 돌아섰다. 그 배경엔 일본이 자산 시장이 붕괴된 1989년 이후 가계와 기업 등의 투자는 완전히 배제하고 정부 재정을 통해 많은 부문의 문제를 해결했기 때문인데, 이러한 만성적인 재정적자로 인하여 국가 부채가 점점 증가하는 결과를 가져왔다. 즉, 일본이 장기적인 경기 침체를 벗어나기 위해 정부가 많은 재정 지출을 감행하면서 노력했지만 오히려 국가 부채가 급속도로 커지는 상황이 되어버렸던 것이다.

IMF^{국제통화기금}에서는 2020년에 일본의 국가 부채가 300% 이상으로 증가하여 국가 부도 상태가 될 수 있다고 경고하고 있다.[30] 하지만 현실적으로 국가 부도까지 이르지 않을 것이라는 의견이 대다수인데 그 이유는 다른 국가들과는 다르게 일본의 국채 절반을 일본은행이 보유하고 있기 때문이다.

일본 경제는 2012년보다 얼마나 나아졌을까

2012년 아베가 집권한 이후 2017년까지 경제가 얼마나 호전되었는지 자료를 살펴보면 전반적으로 상황이 나아졌다는 것을 볼 수 있다. 실질, 명목 GDP 모두 증가했고, 기업 이익도 2016년도를 기준으로 볼 때 2012년보다 약 27조 엔이 증가했고 설비 투자도 역시 증가했다. 실업률은 4.3%에서 2.8%로 눈에 띄게 낮아져 고용이 증가했음을 알 수 있다.

하지만 모든 지표들이 경제가 나아졌음을 보여주지만 오히려 소비 지출은 2012년에 비하여 2017년 10월 기준으로 4만 2,620엔이 줄었다. 한 가지 긍정적인 점은 일본을 방문하는 외국인 수는 2012년 한 해 동안 약 767만 명에서 2017년에 약 2,617만 명으로 3배가 넘는 증가를 보였다는 것이다.

표-6. 아베 정권 출범 이후 경제지표 추이

	아베 정권 출범 (2012.12.)	2017.12.
실질 GDP	498조 엔 (2012.10.~12.)	534조 엔 (2017.7.~9.)
명목 GDP	493조 엔 (2012.10.~12.)	549조 엔 (2017.7.~9.)
기업 경상이익	48조 5,000억 엔 (2012년도)	75조 엔 (2016년도)
기업 설비투자	71조 8,000억 엔 (2012년도)	82조 5,000억 엔 (2016년도)
완전실업률	4.3% (2012.12.)	2.8% (2017.10.)
임금 상승률	1.72% (2012년도)	1.98% (2017년도)
소비지출 (2인이상 세대)	32만 5,492엔 (2012.12.)	28만 2,872엔 (2017.10.)
방일 외국인수	766만 8,426명 (2012.1.~11.)	2,616만 9,400명 (2017.1~11, 추계)

출처 : 2018 외국의 통상환경. 산업통상자원부

전반적으로 볼 때 아베노믹스는 일본의 지역경제 활성화, 민간기업 지원 등의 시행을 통해 일본 경제가 침체에서 빠져나와 경기가 완만히 회복되고 있다는 긍정적인 평가를 내릴 수 있지만, 반면 임금 상승과 소비의 회복이 느리다는 점에서 경기 선순환의 목표는 달성하지 못했다고 할 수 있다. 또한 적극적인 금융 완화와 통화 확대를 통한 물가 인상의 노력에도 불구하고 일본 경제의 만성적인 디플레이션과 소비의 감소로 인하여 아베가 설정한 2%의 물가 상승 목표는 여전히 어려운 상황이다.

아직 일본 경제가 완전히 침체에서 빠져나오기엔 아베노믹스의 적극적인 정책에도 불구하고 역부족이다. 계속적인 정부의 적자 재정 정책, 엔저 전략에도 불구하고 아베의 장기 집권을 가능하게 했던 아베노믹스는 아직 절반의 성공이라 부르기에도 부족하다. 적자 재정과 디플레이션, 막대한 일본 국가 채무 등은 여전히 아베가 넘어야 할 크고 높은 산이 분명하다.

아베노믹스는 2019년 현재에도 일본 경제를 확실히 회복시키고 있을까

아베노믹스가 일본 경제의 문제를 해결하기 위한 효과적인 성장 전략이라는 것은 분명하다. 위에서 간략히 설명한 것처럼 성장 전략의 세부적인 정책들은 기업의 신기술 도입을 적극 지원하고 지역경제를 되살리는 정책과 의료, 농업 등 경제의 각 부문에서 세부적인 전략을 세워 시행하는 것이다.

2019년 현재 일본 경제는 어떤 상태인지 경제성장률, 실업률을 통해 최근의 경제 상태를 살펴보면 우선 지난 10년간 일본 경제는 완만한 회복세에 있다고 볼 수 있다. 2009년 최악의 마이너스 경제성장률을 기록한 이후, 2012년부터 플러스 성장을 하고 있다. 이는 아베노믹스 정책과 맞물려 아베의 경제 정책이 비교적 긍정적으로 작용했다고 볼 수 있다.

표-7. 일본의 경제성장률

연도	2009	2010	2011	2012	2013	2014	2015	2016	2017	2018	2019*
%	-5.4	4.2	-0.1	1.5	2.0	0.4	1.2	0.6	1.9	0.8	0.6

* 2019년(1/4분기) 수치는 예측수치임.
출처: 한국은행 경제통계시스템(ECOS)

그래프-1. 일본의 경제성장률 (단위 %)

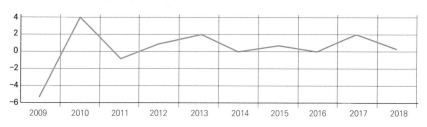

출처: 한국은행 경제통계시스템(ECOS)

2018년 10월 일본은행에서 발표한 자료에 의하면 일본은 0.8% 내외의 잠재성장률을 보일 것으로 예상하고 있다. 2019년 1/4분기의 실질 GDP 성장률 수정치를 보면 0.6%(전기 대비)로 소폭 상승할 것으로 보고 있다. 하지만 수입이 수출보다 감소한 상황의 수치라는 면에서 부정적으로 보는 견해가 있다. 2019년 GDP 성장률 0.7%(예상치)로 전년 수준으로 유지될 것으로 전망된다. 하지만 일본의 소비세율이 10월 1일부터 10%로 인상될 예정이라는 점이 일본 내수시장에 어떤 영향을 줄 것인지 지켜봐야 한다.

일본 소비세율의 인상

일본의 소비세율은 1989년 4월 3% 수준이었고, 1994년 4%, 1997년 5%로 인상되었다. 그 당시 일본의 소비세율은 아주 특별한 상황이 아니라면 인상하지 않을 것으로 생각했지만, 결국 2014년, 8%로 인상되었고 올해 2019년 10월 1일을 기점으로 10% 인상이 결정되었다.[31]

일본의 소비세율이 중요한 이유는 일본은 내수경제가 일본 경제의 한 축을 지탱했다고 봐도 좋을 만큼 국민들의 내수소비가 경제 성장에 중요한 요인이기 때문이다. 일본 국민들이 기업 제품을 활발하게 소비하면서 내수 소비를 중심으로 경제 성장을 이끌어왔다고 해도 과언이 아니다. 결국 소비세율 인상은 일본 국민들의 지갑을 닫게 하면서 일본이 경제 침체의 늪으로 다시 빠져들 가능성이 높다.

표-8. 일본의 소비세율 증가

1989년 4월	3%
1994년	4%
1997년	5%
2014년	8%
2019년 10월	10% (예정)

출처 : KOTRA 해외시장뉴스, 나고야무역관

　이렇게 중요한 소비세율을 인상하는 배경은 무엇일까? 가장 중요한 요인은 일본의 저출산, 고령화에 따른 의료비 증가 때문이다. 의료 혜택을 받아야 하는 고령인구는 급격히 증가하는데 노동인구는 감소하기 때문에 사회보장을 위한 일본의 재원 마련 때문에 세금을 더 걷어 들여야 할 상황이다.

　소비세 이외에 다른 세금, 소득세나 법인세를 인상하는 방법도 있지만, 일본은 생산 가능 인구에 부담을 지게 하여 전 국민이 함께 고통 분담을 해야 한다는 방향으로 소비세 인상을 결정했다. 이번에 소비세가 인상되면 약 5.6조 엔의 세수 증가로 2.8조 엔은 국채 상환에 사용되고, 교육 및 육아 분야에 1.7조 엔을 지원, 사회보장비로 약 1조 엔 가량을 투입할 수 있게 된다.[32]

아베노믹스의 평가와 전망

2018년 일본의 경제 상황을 살펴보면 분명 그 이전보다 나아졌지만 그것이 '일본이 돌아왔다Japan is Back'고 외칠 만큼 분명하고 확실하게 경제 상황이 호전된 것일까? 한 편으로 본다면 경제 상황이 나아졌다고 할 수도 있다. 부동산 가격이 상승하고, 기업의 고용은 늘고 취업보다 구인이 어려울 정도의 상황이다. 실제로 2016년과 2017년 2년 동안 성장률은 플러스 성장률을 기록했다. 또한 일본의 부동산 가격은 소폭 상승했다. 하지만 실제 내면을 들여다보면 아베 내각이 야심차게 준비한 아베노믹스가 목표했던 재정 확보, 물가 안정 그리고 구조 개혁을 성공적으로 달성했다고 볼 수 없다는 의견이 있다.

2018년의 일본은 과거와 마찬가지로 고용은 증가했지만 결국 자국 내 소비 증가로 이어지지 못했고 기업의 수익이 개선되는 효과는 미미했다. 소비세율이 계속적으로 인상되는 상황에서 소비와 기업의 수익은 예상하는 만큼 개선되지 않았다. 가장 중요한 소비 부진이 아베노믹스의 발목을 잡고 있는 상황이다.

IMF와 OECD의 2019년 일본 경제성장률 전망을 보면 일본 정부가 발표했던 0.8%보다 대체로 낮은 0.5%에서 0.7% 내외의 성장률을 예상하고 있다. 또한 수출은 세계 경제가 둔화되고 교역량이 줄어들어 부진하였으며 무역수지 적자도 지속되고 있다. 수출 부진으로 전년 동기 1,900억 엔의 적자 폭이 확대되어 2019년 1/4분기에 5,600억 엔의 적자를 기록했다.

일본의 주택 가격 상승률은 2018년 지역 중심의 관광산업 지원과 2020년 도쿄올림픽 개최를 겨냥하여 관련 부동산 투자가 활발해지면서 크게 증가했다. 종합적으로 볼 때 IMF, OECD 등 주요 경제 전망 기관들은 일본 경제가 세계 경제 둔화로 수출은 부진한 모습을 보이겠지만 일본 정부의 재정 지출 확대로 완만한 성장세는 유지할 것으로 예상했다.

표-9. 주요기관의 일본 성장률 전망

	IMF		OECD		투자기관(평균)	
	2019	2020	2019	2020	2019	2020
경제성장률	1.0%	0.5%	0.8%	0.7%	0.7%	0.5%

자료: IMF, World Economic Outlook, November 2018, April 2019; OECD, Economic Outlook, September 2018, Interim Economic Assessen, March 2019; 블룸버그
출처: 〈KDI 경제전망 2019년 상반기〉, 제36권 제1호, 저자 재작성

2019년 10월로 예정되어 있는 소비세율이 10%로 인상이 되면 소비 심리를 더욱 강하게 위축시키게 된다. 그렇게 되면 2018년의 경기 회복세가 계속된다고 해도 기업 수익은 다시 악화될 가능성이 있다. 이 소비 부진으로 인한 내수 침체는 기업이 투자를 통해 고용을 확대하고 임금이 상승하여 소비자의 소비가 증가함으로써 기업의 수익이 개선되는 '선순환'을 깨는 가장 큰 악재라고 할 수 있다.[33]

최근 5월 31일 일본 내각부에서 발표한 자료에 의하면 일본의 경제 상황은 '악화'되고 있다. 그것은 미국과 중국의 무역 갈등이 심해지고 이에 따른

전기, 전자, 자동차 등의 생산 부진이 그 원인이라고 판단했다. 이러한 경제 흐름의 악화는 아베 내각 2기 출범 직후인 2013년 1월 이후 6년 2개월 만에 처음이다. 하지만 일본 정부는 공식적으로는 '완만한 경기 회복 지속'이 유지되고 있다고 주장했다. 2019년 5월 20일 발표된 일본의 2019년 1분기 실질 GDP 성장률은 사실상 0%로 2018년 4/4분기의 0.5%에 비해 큰 폭으로 하락할 가능성이 높은 것으로 나타났다.

6월 일본 내각부는 경기 회복에 대해 기존의 '완만한 경기 회복 지속'에서 '최근 회복에 약함이 보임'으로 변경했다. 또한 일본의 2019년 5월 기준 국제수지는 1조 5,948억 엔의 흑자를 기록했으나 전년 동월 대비 3,002억 엔이 감소했고 무역 서비스 수지는 5,137억 엔의 적자를 나타냈다.[34] 일본 경제를 나타내는 관련 지표들을 보면 아직 일본의 경기 회복을 낙관할 수 없는 상황이다.

최근 일본의 경기가 악화되고 있다는 일본 내각부의 판단처럼 2019년 현재 일본의 경기는 생산과 수출, 전반적으로 부진할 것으로 예상되며 미중 무역전쟁이 더욱 심화될 것으로 보임에 따라 그 영향으로 일본의 경제 상황은 앞으로도 힘들어질 가능성이 높다.

아베의 집권 이후 아베노믹스라 하는 성장 전략으로, 종합 패키지라는 평가를 받는 일본의 경제 정책으로 어느 정도 일본 경제가 침체를 벗어날 수 있다는 분위기를 만들었다는 것에 일부 동의한다. 기업들의 실적이 좋아졌고 부동산 가격이 상승했다. 지역 발전과 고령화에 따른 노동 부문의 개선도 어느 정도 이루어졌다. 일본의 경제성장률은 완만하게 상승할 것으로 예상되고 엔화 약세도 대체로 유지되고 있다.

하지만 여전히 내수 소비는 살아나지 않고 강력한 금융 완화정책에도 불구하고 물가상승률 2%라는 목표 달성은 불가능해 보인다. 또한 일본 정부의 재정은 만성적자에 시달리고 국가 부채의 문제는 여전히 아베노믹스의 발목을 잡고 있다. 이러한 상황에서 일본은 '수출규제조치'를 통해 대외적으로 시선을 돌리며 주요 무역 상대국인 한국을 위협하고 있다.

2.4.
일본의
보호무역주의

일본의 경제는 아베가 예상한 것처럼 쉽게 호전되지 않는 상황이 계속되고 있다. 디플레이션의 늪에서 영원히 빠져나올 수 없을지도 모른다는 위험 신호들이 여러 곳에서 감지되고 있다. 또한 인구 감소가 10년째 계속되고 있고, 노동력 부족, 국가 부채와 내수 부진, 국가 재정 적자 문제 등 해결해야 할 문제가 산적해 있다. 단지 일본 경제 상황의 문제만으로 수출 규제 조치들이 시행되었다고 볼 수 있을까. 물론, 위에서 언급한 바와 같이 일련의 정치적이고 민감한 문제들이 그 원인이다. 그렇다면 일본의 보호무역 조치는 이번이 처음일까?

일본은 언제나 대외 무역에선 자유무역과 공정무역을 외치며, 아베는 공공연히 자유무역의 중요성을 언급했다. 하지만 과거 일본을 돌이켜보면 일본은 집권 내각이 자신들의 지지 세력이 약화되거나 경제 상황이 좋지 않은 경우 경제 문제를 빌미로 보호무역 조치들을 시행했던 경험이 있다. 그 이전에도 자민당이 집권했던 때, 선거를 앞두고 정치적인 수단으로 경제를 무기로 이용했던 일본의 모습을 살펴보면 과거 고이즈미가 했던 보호무역 조치들은 현재 아베의 수출 규제 조치와 그 맥락을 같이 한다고 볼 수 있다.

2001년 4월 고이즈미가 총리직을 맡게 되면서 야스쿠니 신사를 참배하겠다고 공언했고 우경화를 지향하는 그들의 정치적 색채를 드러냈다.[35] 그 당시 고이즈미 총리는 그 이전의 내각의 수장이었던 나카소네 총리의 뒤를 이어 헌법 개정에 강한 의지를 보였다. 개헌 논의는 그들이 선거에서 유리한 입장을 차지하기 위한 전략이었고 결국 2005년 9월 11일에 실시된 총선에서 자민당이 크게 승리했다.

고이즈미의 개헌 논의는 역시 일본 헌법 9조의 개정에 초점이 맞춰져 있고 개정을 통해 자위대의 해외 파견을 위한 포석이라고 했지만 무력 행사를 금지한 9조의 개정은 일본 우익의 정치적 신념이자 염원이라고 할 수 있다. 아베 역시 나카소네와 고이즈미에 이어 그의 재임 기간 동안 개헌론을 계속적으로 주장하고 있다. 이러한 정치적인 목적을 이루기 위해, 또한 선거에서 우위를 점하기 위해 고이즈미도 아베와 같이 보호무역적인 조치들을 단행했다.

2001년 선거를 앞둔 시점에서, 일본은 잇따른 수입 규제 조치를 취하는데 그 내용을 살펴보면 야채와 과일의 수입에 대해 검역 건수를 제한하고, 중국의 일본으로 수출하는 품목 중 파, 표고버섯과 다다미의 재료가 되는 골풀 돗자리 등 3개 품목에 대해 긴급수입제한조치세이프가드를 발동했다. 그 결과 중국뿐만 아니라 한국과 미국의 대일 수출은 급감하여 각국의 수출 기업들에게 피해가 발생했다. 이 당시 한국은 일본으로 수출하는 품목인 야채, 과일 등의 신선 식품의 일본 수출이 타격을 입었다. [36]

그 당시 일본 정부의 주장은 약화된 농업 부문을 보호하고 구조를 개혁하기 위해 취한 조치라고 했지만 다분히 정치적인 목적이 그 배경이라고 할 수 있다. 일본 자민당은 전통적으로 대도시보다 농촌 지역의 지지 세력을 확보하고 있고, 2001년 7월 15일 참의원 선거가 예정되어 있었다. 단지 시기적으로 선거가 예정되어 있기 때문에 일본의 보호무역 조치들이 정치적 목적에 시행되었다고 보는 것은 아니다. 수입 제한 조치와 검역의 강화로 일본 농업의 피해를 구제한다는 것이 일본의 주장이었지만, 수입 물품에 고율의 관세를 부과하고 1일 검역 건수를 제한하는 것에 대한 타당한 근거를 제시하지 못했다는 점에서 다분히 정치적인 목적의 보호무역 조치로 보는 것이 옳다.

WTO 협정상 수입 제한 조치는 자유무역을 저해하는 가장 강력한 보호무역적인 조치로 보기 때문에 합리적 근거에 의해 최소한의 조치만을 취해야 한다. 또한 각 국가의 검역이 또 다른 수입 제한 조치로 악용되는 것을 막기 위해 WTO는 과학적인 근거에 의해 최소한의 조치만 허용하고 있다. 그 당시 일본의 야채, 과일 품목의 수입의 증가는 있었지만 자국의 산업 구제에 필요한 최소한의 조치인지 명확한 근거를 제시하지 못했다.

1일 검역 건수를 초과하는 경우 그 다음 날로 검역이 이루어졌기 때문에 2001년 4월 한 달 동안 연기된 검역 건수는 총 377건이었다. 일본의 농림수산성은 이러한 검역 건수를 제한하는 것이 급증하는 야채 과일의 수입량 때문에 검역 능력을 초과하였다는 이유를 들었고, 병충해 방지를 위한 것이라고 설명했다. 하지만 이것에 대해서도 일본 정부는 실질적이고 분명한 근거를 제시하지 못했다.

이러한 일본의 자의적인 보호무역 조치에 대해 미국과 중국은 WTO 규정에도 없다며 강하게 반발했고, 경제산업성은 검역 건수의 제한이 무역 장벽 완화라는 세계적인 추세에 부합되지 않는다는 견해를 표명하여 일본의 정부 부처 간에도 상이한 견해를 보였다.

과거 일본의 보호무역적인 조치가 강화되었던 2001년 고이즈미 내각의 결정과 2019년 아베 내각의 '수입강화조치'는 그 배경과 목적이 같다. 2001년 한국이 일본에 수출했던 신선 식품들이 세이프가드 조치로 인하여 고율의 관세를 부과 받아 한국 수출 기업이 피해를 입었다는 점과 2019년 일본의 '수출강화조치'라는 수출 규제로 인해 한국의 반도체 산업에 피해가 예상된다는 점이 다를 뿐, 일본 정부 부처 간에 이견이 있다는 것과 대내외적인 정치 상황을 돌파하기 위해 무역을 무기로 사용했다는 점은 약 20년의 시간을 넘어 너무나 많이 닮아 있다.

전 세계적으로 모든 나라들은 자국의 산업과 국민을 보호하기 위해 최소한의 범위와 법적 테두리 안에서 보호 조치를 취하고 있다. 자국 산업의 피해가 예상되는 경우 WTO의 협정들이 인정하는 범위 안에서 산업 피해에 대해 구제 조치를 시행한다. 우리나라의 일본 후쿠시마 수산물의 수입 금지 조치가 그 대표적인 예라고 할 수 있다. 자국 국민의 건강을 보호해야 한다는 국가의 의무를 다 하기 위해서 후쿠시마 수산물이 방사능에 오염되었다는 사실에 근거하여 후쿠시마 인근의 몇몇 지역으로부터 수입되는 수산물의 수입 금지 결정을 내렸다. 그 이외에도 여러 가지 방법으로 모든 국가들은 수입으로부터의 피해를 방지하려는 노력을 한다.

무역 구제 조치 즉, 외국과의 무역을 통해 자국의 산업에 피해가 예상되거나 발생한 경우 당연히 자국의 산업을 보호하기 위해 여러 가지 조치를 취할 수 있다. 수입을 금지하거나, 수입물품에 대해 고율의 관세를 부과하는 방식의 조치들이 가능하다. 그것은 각국이 WTO 협정 하에서 각 회원국들이 당연히 행사할 수 있는 권리이기도 하다. 그렇지만 지나치게 자의적이고, 때로 자국의 산업 피해를 과도하게 산정한다거나, 판정의 자료나 근거를 왜곡하여 판단하는 경우에는 결국 국가 간 무역 분쟁이 발생하게 된다. 무역 분쟁은 당사자 국가들이 협의를 통해 해결하기도 하지만, 최종적으로 WTO에 제소하는 방식으로 해결하게 된다.

일본은 과거 고이즈미의 보호무역 조치가 정치적 목적으로 시행되었고, 현재 아베 정권에서도 이러한 양상을 보여준다는 점에서 한국 정부는 일본의 그러한 습관화된 무역과 통상의 무기화에 대한 강력한 대응이 필요하다.

KOREA
Hyesan
Hamheung
Wonsan
Sinuiju
Pyeongyang
Gaeseong
SEOUL
Incheon
Ullueng-Do
Daegu
Busan

3

한국과 일본, 무역분쟁의 과거 그리고 현재

3.1.
전 세계
무역분쟁 현황

　미국은 트럼프 정부가 들어서면서 북미자유무역협정^{NAFTA}**37**에 대해 재

협상을 해야 한다고 주장했고, 2017년 환태평양경제동반자협정^{TPP}**38**을 탈퇴

했다. 그 후 미국은 TPP의 재가입에 대해 검토를 한다는 제스처를 보여주고

있다. 만약 다시 TPP 가입을 결정한다면 중국과 치르는 무역전쟁에서 이기기

위해 중국을 고립시키려는 전략일 것이다. 2019년 9월, 미국은 약 3,000억 달

러의 중국산 제품에 10%의 관세를 부과할 것이라고 발표했다. 또한 2019년

8월 7일 미국은 중국을 '환율조작국'으로 지정하면서 관세 부과를 통한 무역

전쟁은 통화전쟁으로 확대되는 양상을 보이고 있다.

　미국의 전 세계를 대상으로 하는 무역전쟁은 국제 경제를 위축되게 할

뿐만 아니라 각국이 무역 장벽을 높이 쌓아올리도록 만들고 있다. 또한 경제의 불확실성이 커지면서 보호무역주의가 전 세계로 확산하게 되고, 각국 간 무역 분쟁은 더 빈번해지고 심화될 것은 분명하다. 또한 최근 일본의 수출 규제도 불공정한 행위로써 한국은 WTO 제소를 적극적으로 검토 중이다.

WTO에 가입한 국가들은 무역 분쟁이 발생하면 WTO의 분쟁해결기구에 제소하여 해결을 도모하고 있다. 전 세계 무역 분쟁 건수를 살펴보면 2019년 3월 기준으로 WTO에 제기된 분쟁은 총 581건에 달한다. 그 중에서 333건은 무역 구제 관련 분쟁사건으로 전체 분쟁의 절반인 약 57%를 차지한다. 무역 구제 이외에도 기타 무역 분쟁은 지적재산권의 침해, 원산지 규정 위반 등으로 발생하는 것을 포함한다.

표-10. 연도별 WTO 제소 건수 (2019. 3. 31. 기준)

연도	무역구제관련 분쟁	기타 분쟁	합계
1995	1	24	25
1996	17	22	39
1997	20	30	50
1998	23	17	39
1999	20	11	31
2000	22	12	34
2001	16	7	23
2002	23	14	37
2003	15	14	29

2004	14	5	19
2005	8	4	12
2006	17	3	20
2007	6	7	13
2008	9	10	19
2009	4	10	14
2010	13	4	17
2011	4	2	6
2012	19	8	27
2013	13	7	20
2014	8	6	14
2015	9	4	13
2016	9	8	17
2017	12	5	17
2018	22	17	39
2019	4	3	7
	333건	248건	581건

출처: 〈무역구제〉(2019), 2019년 봄호, 무역위원회. 저자 재작성

'무역구제'란 각국이 무역 거래를 통해 자국의 관련 산업에 피해가 발생하는 경우, 그 피해를 구제하기 위해 정부가 취하는 일련의 조치를 말한다. 산업 피해가 있다고 판단될 경우 기업이 피해에 대해 조사를 신청하고, 실제 무역 거래 때문에 관련 산업에 피해가 있다고 판정되면 그 결과에 따라 고율의 관세를 부과하거나, 수입을 금지하는 등의 조치를 내린다. 주로 반덤핑관세 부과, 긴급수입제한 조치 그리고 상계관세 부과가 대표적이다. 해당 구제

조치가 일방의 지나친, 자의적 조치라고 판단이 되면 그 상대국에게 조치를 철회할 것을 요청하게 된다.

2019년 7월 일본의 '수출강화조치'가 사실상의 대 한국 수출 규제 조치로 양국 간 무역 분쟁이 발생할 가능성이 매우 높다. 한국이 일본으로부터 수출 우대 조치를 받을 수 있는 화이트리스트에서 제외되면서 반도체, 디스플레이 산업과 관련된 많은 기업들의 부품 수급 문제가 심각해질 것으로 예상된다. 이러한 상황이 계속적으로 유지된다면 한국은 일본 정부의 '수출강화조치'가 실제 한국을 대상으로 하는 수출 규제로 판단하고 WTO에 제소를 고려할 수 있다. 이렇게 WTO에 가입한 회원국은 WTO의 규정에 따라 무역 질서를 지키고 분쟁이 발생하게 되는 경우, 서로 협의를 통해 해결하기도 하지만 분쟁 당사자들이 합의에 이르지 못하게 되면 결국 WTO의 분쟁해결기구에 제소를 결정하게 된다. 그 후, 분쟁해결기구의 판정에 따라 피해국은 자국의 산업 피해에 대해 상대국의 수출에 관세를 부과하는 등 합리적 수준의 보복조치도 시행할 수 있다.

표-11. 전 세계 무역구제조치 현황 건수 (1995-2017)

구제조치 구분	조사개시	조치 및 발동
반덤핑	5,529	3,604
상계관세	486	27
세이프가드	331	166

출처: 〈무역구제〉 2019년 봄호, 무역위원회. 저자 재작성

WTO가 설립된 1995년부터 2017년까지 전 세계 국가가 시행한 무역 구제 조치를 살펴보면 반덤핑은 5,529건의 조사가 개시되었고 그 중에 반덤핑 관세 부과 등의 조치를 취한 건수는 3,604건이다. 상계관세는 총 476건의 조사가 있었고 그 중 상계관세 부과 조치가 된 것은 27건이다. 또한 331건의 세이프가드 조사가 시행되었고 세이프가드가 발동된 것은 166건이다.

이러한 사실로 보면 산업 피해는 저가의 물품을 덤핑으로 수입하여 발생한 피해가 가장 많았고 덤핑 방지 관세를 부과하는 것으로 자국의 산업을 보호하는 경우가 많았다. 이에 비하여 세이프가드가 발동된 건수는 비교적 적다. 또한 상계관세도 부과 조치하는 경우가 아주 드문데 그것은 구제 조치를 시행하기 위해 각각 피해 조사, 피해 산정 그리고 부과 기준이 다르기 때문이다.

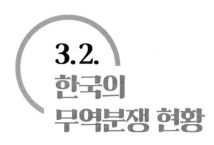

3.2.
한국의
무역분쟁 현황

한국을 규제하는 국가들

한국이 세계 경제에서 차지하는 위상이 높아질수록 더 많은 국가로부터 무역 규제를 받고 따라서 무역 분쟁도 빈번하게 발생하게 된다. 2019년 7월 기준으로 우리나라의 수출품에 대해 규제 중인 국가는 27개국이고 총 규제 건수는 195건으로 나타나고 있다. 이 중 조사 중인 건수는 23건이다.

표-12. 대 한국 규제 현황 (2019년 7월 기준)

분류	건수	반덤핑	상계관세	세이프가드
조사 중	23	12	-	11
규제 중	172	136	8	28
합계	195	148	8	39

출처: 수출규제통합지원센터, 대한 수입규제 분기별 동향

우리나라의 수출에 대해 규제 조치를 시행 중인 국가 중 미국은 2건의 조사를 포함하여 총 39건의 규제로 가장 많은 건수를 나타냈다. 미국과 함께 인도, 중국, 캐나다, 터키 5개국이 총 규제의 56.0%를 차지하여 107건의 규제를 시행하고 있다.

표-13. 국가별 대 한국 규제 건수 (2019년 7월 1일 기준)

분류	건수	미국	인도	터키	중국	캐나다	브라질	태국	호주	인도네시아	말레이시아	기타
조사중	23	2	3	2	4	-	-	-		2	1	9
규제중	172	36	23	12	14	13	11	6	5	7	4	41
합계	195	38	26	14	18	13	11	6	5	9	5	50

출처: 수출규제통합지원센터, 대한 수입규제 분기별 동향

규제 조치의 형태를 살펴보면 반덤핑 148건, 상계관세 8건, 세이프가드 39건으로 총 규제의 74%가 넘는 비중을 차지한다. 이 중에서 일본은 한국을 대상으로 2건의 규제 조치가 시행 중인데 각각 철강금속과 화학제품에 대한 반덤핑관세 부과 조치 1건씩 시행 중이다. 품목별로 보면 주로 철강, 금속, 화

표-14. 대 한국 수출품에 대한 무역구제 조사 개시 (2019년 7월 기준)

국가	품목	조사 구분	조사 개시일
터키	디옥틸 테레프탈레이트	반덤핑	2019.3.19.
인도	염소화 폴리염화비닐	반덤핑	2019.3.28.
말레이시아	냉연코일	반덤핑	2019.3.29.
인도	도금강판	반덤핑	2019.4.2.
인도	디지털 오프셋 인쇄용 판	반덤핑	2019.5.16.
이집트	건축용 반가공 철강재 및 강철봉	세이프가드	2019.4.2.
콜롬비아	판지와 폴리에틸렌 시트	세이프가드	2019.4.11.
파나마	돼지고기	세이프가드	2019.5.3.
모로코	열연강판	세이프가드	2019.5.27.
중국	폴리페닐렌 설파이드	반덤핑	2019.5.30.
중국	EPDM (에틸렌-로필렌-비공액 디엔 고무)	반덤핑	2019.5.30.
인도네시아	증발기	세이프가드	2019.6.12.
미국	스테이플러철심	반덤핑	2019.6.28.

출처: 수출규제통합지원센터, 대한 수입규제 분기별 동향, 저자 재작성

학이 전체의 약 75%를 차지하고 있다.[39]

2019년 7월 1일 기준으로 한국의 수출품에 대해 산업 피해 조사를 개시한 국가는 터키, 인도, 말레이시아, 인도네시아, 이집트, 콜롬비아, 파나마, 모로코, 중국 그리고 미국 등 총 10개국으로 총 13개의 한국 수출품이 그 대상이다. 그 중에서 반덤핑 조사 개시가 8건, 세이프가드 조사 개시가 6건으로 나타났다.

WTO가 설립된 1995년 이후 2017년까지의 전 세계 무역 구제 조치 중에서 한국의 반덤핑 조치 및 조사 건수는 총 142건으로 12위를 차지했다. 반면, 한국의 수출품에 대해 반덤핑 조치를 한 경우는 417건에 달해 세계에서 두 번째로 많은 건수를 나타냈다. 또한 세이프가드는 우리나라가 조치를 실행한 경우는 없고, 다른 나라로부터 규제를 받은 것은 28건으로 나타나 중국(129건)과 인도(82건)에 이어 세계에서 3번째로 많다.

한국의 수출이 증가할수록 각국은 한국 제품의 수입으로 인한 피해를 조사하고 관련된 무역 구제 조치를 더 많이 시행하게 된다. 한국이 조치한 무역 구제 건수는 세계 12위인 반면, 한국을 규제하는 건수는 세계에서 두 번째로 많은 것으로 나타났다. 그 만큼 수출 규모가 많기 때문인데 한국도 수입하는 물품으로 인해 피해가 발생하는 경우가 빈번하다. 이러한 경우 우리나라의 관련 기관들이 적극적으로 산업 피해를 구제하기 위한 조치를 시행하고 있다.

한국이 규제하는 국가들

수입으로 인한 산업 피해가 발생하면 국내 기업들은 그 피해에 대한 구제 조치를 신청할 수 있다. 우리나라 산업 피해 구제 조치를 담당하는 기관인 한국무역위원회KTC, Korea Trade Commission의 자료에 의하면, 2019년 4월 기준으로 한국 기업들이 신청한 산업 피해 구제는 반덤핑이 310건으로 가장 많고 세이프가드는 167건으로 나타났다. 또한 기타 수입이나 제조의 금지 등 불공정무역행위는 369건에 달한다.

표-15. 한국의 대 수출국 무역구제 조사신청 및 조치 건수 (2019년 4월말 기준)

구분		'87~'00	'01	'02	'03	'04	'05	'06	'07	'08	'09	'10	'11	'12	'13	'14	'15	'16	'17	'18	'19.4	계 (단위: 건)
반덤핑	국가	101	6	18	15	5	7	15	18	4	14	7	15	14	8	16	5	9	14	14	5	310 (209)
반덤핑	품목	55	6	11	7	5	4	6	8	3	6	6	6	5	5	10	4	5	7	6	2	167 (119)
세이프가드		31	1	1	-	-	-	-	-	-	-	-	-	1	-	-	-	-	-	-	-	34 (22)
불공정무역행위		219	13	9	5	5	6	5	4	6	9	12	8	9	8	10	9	12	9	10	1	369 (126)

출처 : KTC, 무역구제 월간 통계, ( )는 구제조치 건수

총 19개 국가로부터 수입된 8개 품목에 대해 반덤핑 조사가 진행 중이고, 37개 국가로부터 수입된 20개 품목은 현재 덤핑 방지 관세가 부과 중이다. 세이프가드의 경우 2019년 4월까지 총 34건의 산업 피해 조사가 신청 접수되었고 산업 피해가 있다는 긍정 판정은 22건, 부정 판정은 2건으로 나타났다. 긍정 판정이 내려진 22건에 대해서는 세이프가드 조치가 시행 중이다. 한국의 반덤핑 조치는 총 142건으로 제소국 중 12위를 차지했고, 세이프가드는 24건으로 27위를 차지했다. 하지만 한국의 상계관세 부과는 한 건도 없다.[40]

3.3.
한국과 일본의
무역구제 조치

한국과 일본은 1965년 양국의 국교가 정상화되면서 무역 규모가 급속히 증가했다. 2011년에 한일 무역 규모는 1,080억 달러로 사상 최대를 기록했고 잠시 주춤하다가 다시 2016년 증가세를 보였다. 2017년 일본으로의 수출액은 268.2억 달러, 수입액은 551.2억 달러였다.[41] 이때 우리나라는 283.1억 달러의 적자를 기록했다. 이렇게 양국의 무역에서 우리나라가 단 한 번도 흑자를 기록한 적이 없을 만큼 만성적인 적자를 기록했다. 그 이유는 대일 무역의 존도가 높기 때문이고 특히 최근 일본이 규제 조치를 시행하는 반도체, 디스플레이 관련 첨단 부품 소재를 일본에서 수입하는 비중이 높기 때문이다. 한국과 일본 두 나라의 무역량과 무역액의 규모가 상당한 만큼 두 나라 모두 산업 피해가 발생하는 경우 상대국에 대해 고율의 관세를 부과하거나 수입을 금지하는 등의 산업 피해 구제 조치를 시행하고 있다.

한국의 대 일본 무역구제 조치

한국이 전 세계 국가를 대상으로 산업 피해를 구제하기 위한 조치는 1995년부터 2019년 4월 말까지를 기준으로 총 581건이다. 그 중에서 일본으로부터 수입한 물품에 의한 산업 피해로 구제 조치의 조사를 신청한 건수는 총 53건이다.

2019년 4월 기준으로 조사 중인 건수는 3건이다. 조사가 완결되어 일본으로부터 수입한 물품으로 인해 우리나라 산업에 피해가 발생했다고 긍정 판정한 건수는 총 40건이고, 그 중에서 조치가 완료된 건수는 34건, 현재 조치 중인 건수는 6건이다.

우리나라는 한국무역위원회에서 산업 피해가 발생하면 관련 기업의 조사 신청을 받은 후, 조사 개시를 결정한다. 그 후, 산업 피해가 존재하는지 면밀히 검토하고 판정을 내린다. 산업 피해 긍정 판정의 경우 해당 사건의 산업 피해 규모에 따라 관세를 부과하는 조치를 취하는데, 주로 덤핑 방지 관세의 부과가 대부분을 차지한다. 물론, 지적재산권의 침해, 원산지 표시 위반 그리고 수출입 질서 저해 등의 불공정 무역 행위에 대해서도 판단 후 적절한 구제 조치를 결정한다.

표-16. 대 일본 산업피해 구제 조사신청 및 조치 (2019.4 기준)

구분		건수
조사신청		53
조사중		3
긍정판정	조치 중	6
	조치 완료	34
기타		10

출처 : 무역구제 월간통계, KTC. 저자 재작성

　　한국은 일본으로부터 수입한 물품 대부분의 가격이 현저히 낮아서 산업 피해가 발생하고 있다. 즉, 한국 기업이 생산하고 있는 품목과 동일한 제품이 일본으로부터 싼 가격으로 수입된다면, 일본 제품은 가격경쟁력 면에서 한국 제품보다 우위에 서게 된다. 가격경쟁력이 높은 일본 제품이 수입되면, 해당 제품의 시장 가격은 현저하게 떨어지고 우리나라 기업은 생산량이 줄고, 기업의 수익은 악화된다. 이렇게 낮은 가격으로 수출하게 되는 경우 불공정 무역으로 상대국의 관련 산업에 피해를 주고 따라서 덤핑 방지 관세를 부과하는 등의 구제 조치를 취하게 된다.

　　현재 19개 국가로부터 수입된 8개의 품목에 대해 산업 피해 조사가 진행

중이고, 그 중 3건이 일본 기업의 수출품으로 인한 피해가 예상되어 조사 개

시 후 공청회를 열고 최종 판정을 하는 등의 절차가 진행 중이다.

표-17. 반덤핑 조사 대상 품목 및 국가 (2019년 4월 말 기준)

신청일자 (신청기업)	대상품목명 (대상국)	품목	구분	조사 및 판정현황
2018.5.17. 한국알콜산업	초산에틸 (일본, 중국, 싱가포르)	화학	3차 재심	2018.7.10. 조사개시공고 2018.12.27. 공청회 2019.3.21. 최종판정(긍정)
2019.2.8. 한솔제지	글라신지 (일본,중국,대만, 이탈리아)	종이/목재	원심	2019.2.8. 무역위원회 접수 2019.3.27. 조사개시공고
2019.4.3. ㈜ 마이크로팁	스테인레스 스틸바 (일본)	제철/금속	상황변동 재심	2019.4.3. 기재부 접수

출처 : 무역구제 월간통계, KTC. 저자 재작성

반덤핑 조사 중인 품목 중 '원심'으로 구분되는 '글라신지'는 산업 피해가 새

로이 발생해서 조사 개시 공고를 낸 경우이고, 3차 재심 조사는 원심과 2차 재심

에서 결정한 기간 동안 반덤핑관세가 부과되었으나 산업 피해가 여전히 존재하

는 경우 덤핑 방지 관세의 부과를 연장할 것인지, 아니면 종료할 것인지 판정하

는 경우이다. 또한 상황 변동 재심의 경우도 산업 피해, 수입 등의 상황이 변동되

었는지를 조사하여 관세 부과 철회 또는 연장 등의 판정을 내린다. 한국은 2019년

4월말 기준으로, 현재 총 37개 국가로부터 수입되는 20개 품목에 대해 덤핑 방지

관세[42]를 부과하고 있고, 그 중에서 6개 품목이 일본의 수입 물품이다.

표-18. 덤핑방지관세 부과조치 대상 품목 및 국가 (2019년 4월말 기준)

품목명	구분	대상국	조치내용		
			관세율(%)	기간	부과기간
공기압 전송용 밸브	원심	일본	11.66~22.77	5년	2015.8.19. ~ 2020.8.18.
초산에틸	2차재심	일본, 중국, 싱가포르	4.64~17.76	3년	2015.11.19. ~2018.11.18.
스테일리스스틸 후판	재심	일본	13.17	3년	2016.12.6. ~2019.12.5.
스테인레스스틸바	3차재심	일본, 인도, 스페인	3.56~15.39	3년	2017.6.2. ~2020.6.1.
도공인쇄용지	원심	일본, 중국, 핀란드	5.90~16.23	5년	2018.7.22. ~2023.7.21.
에탄올아민	재심	일본, 미국, 태국, 말레이시아	12.64~21.79	3년	2018.8.31. ~2021.8.30.

출처 : 무역구제 월간통계, KTC. 저자 재작성

현재 한국 정부가 덤핑 방지 관세를 부과하는 6개의 품목은 전기 · 전자, 화학, 제철 · 금속 그리고 종이 · 목재 품목이 그 대상이다. 원심과 2,3차 재심의 판정이 산업 피해가 존재한다는 긍정 판정이 내려졌고 각 품목의 산업 피해 영향에 따라 그 부과 조치 기간과 관세율이 정해진다. 또한 2차, 3차 재심이 결정된 후 조사가 시행되는 기간에도 덤핑 방지 관세는 계속 부과된다.[43]

무역 구제 조치의 방법으로 덤핑 물품에 대해 피해를 구제하는 경우 덤핑 방지 관세를 부과한다. 3년에서 5년의 기간 동안 관세가 부과되면 수입 물품은 가격이 상승하는 효과가 있어서 우리나라 기업은 가격 면에서 비교적 경쟁력을 갖게 된다. 또한 부가적으로 관세 부과가 결정된 품목의 국내 수입량이 줄게 되고 우리나라의 산업은 그만큼 보호받을 수 있다. 이렇게 불공정한 무역으로 인한 산업 피해를 구제하기 위한 조치들은 각국이 WTO 관련 법령이 규제하는 범위 안에서 자율적으로 규정한다. 그러나 각국의 구제 조치나 수출, 수입의 규제 조치가 비합리적이고 지나치게 자의적으로 결정되어 그 조치가 시행되는 경우 양 당사국은 합리적인 수준에서 협의를 진행하지만, 협의에 응하지 않거나 과도한 구제조치 시행으로 오히려 수출국의 기업이 피해를 보게 된다면 결국 무역 분쟁이 발생하게 된다.

일본의 대 한국 무역구제 조치

일본은 과거 자유무역에 대해 적극적인 태도를 취했기 때문에 전 세계의 국가들 중 비교적 무역 구제 조치나 수입 제한 조치 건수가 적다. 무역 구제 조치가 보호무역적인 것이라 주장하면서 비교적 자제해 왔다. WTO 협정에 부합하는 일본의 구제조치는 한국을 대상으로 하는 2건과 중국의 화학 제품에 대한 5건의 반덤핑 조치이다. 그 외에 다른 조치들, 즉 상계관세를 부과하거나 세이프가드 조치를 발동하는 등 다른 무역 구제 조치들은 취하지 않고 있다.

현재까지 일본은 한국을 대상으로 4건의 무역 구제 조치를 시행했다. 한국산 폴리에스터 단섬유Polyester Staple Fiber에 대해 2001년 4월 23일 반덤핑 조사를 개시하였고, 2002년 7월 19일 조사가 종료된 이후 2002년 7월 26일부터 덤핑 방지 관세를 부과하였다. 그 후에도 한국산 수출품에 의해 산업 피해가 존재한다는 의견에 따라 덤핑 방지 관세 부과 연장을 결정하여 2012년 6월 29일까지 약 6~13.5%의 해당 관세를 부과 후 조치를 종결하였다.

두 번째로 한국의 하이닉스 반도체의 DRAM에 대해 2006년 1월 20일 27.2%의 상계관세를 5년간 부과하기로 결정했고, 이러한 일본의 조치가 부당하다고 판단하여 한국은 WTO 분쟁해결기구에 제소하였다. 2007년 11월 28일 상소기구에서 한국의 승소로 판정되어 2009년 4월 23일 한국의 하이닉스 반도체 DRAM에 부과했던 상계관세가 철폐되었다. 그리고 2019년 8월 기준으로 2건의 반덤핑 조치까지 일본은 한국의 수출품에 대해 총 4건의 무역구제 조치를 시행하였다.

표-19. 일본의 대 한국 반덤핑 조치 현황(규제 종료)

1.폴리에스터 단섬유 (Polyester Staple Fiber) HS코드 : 5503.20 조사개시 : 2001.4.23. 최종판정 : 2012.6.29. (반덤핑규제종료)	·조사대상국 : 한국 ·조사신청에 의한 덤핑마진율 : 6%~ 13.5% ·2006.8.31. : 기간 연장 심사 실시 ·2007.6.19. : 규제연장 결정 (6%~13.5% 관세율) ·2012.6.29. 반덤핑규제 종료
2. DRAMs HS코드: 8542.32.2010, 8473.30.4060 조사개시 : 2004.8.4. 최종판정 : 2009.4.23.(상계관세 철폐)	·조사대상국 : 한국 ·조사개시일 : 2004.8.4 ·2006.1.20. : 일본 재무성, 5년간 27.2% 상계관세 부과 결정 ·2006.5.18. : WTO에 패널설치요청 ·2007.11.28. : 상소기구 승소 확정 ·일본의 의무이행으로 관세율 9.1% 감축 ·2009.4.23. : 상계관세 철폐

출처 : KITA. 수입규제 대상품목 관리카드. 저자 재작성

일본은 한국산 '수산화칼륨'과 '철강제 관연결구류'의 2가지 품목에 대해 관세를 부과하고 있다. 일본 관련 기업칼리전해공업회이 한국산 '수산화칼륨'의 수입으로 관련 산업의 피해를 주장하고 조사를 신청한 것은 2015년 2월이고, 그 조사가 같은 해 5월에 개시되었다. 이 반덤핑 조사가 시작되기 전 한국산 수산화칼륨의 일본 시장 점유율은 93.2%를 차지하고 있었다. 일본은 산업 피해가 있다고 판정하고, 2016년 8월 9일에 한국산 수산화칼륨에 대해 49.5%의 반덤핑관세[44]를 5년 동안 부과하기로 결정했다. 따라서 2021년 8월 8일까지 동 제품에 대한 반덤핑관세 부과 조치는 계속된다.

다른 하나의 조치는 한국산 '철강제 관연결구류'의 반덤핑관세 부과 조치이다. 이 조치로 인하여 한국 기업은 2023년 3월 30일까지 관세를 부과받는다. 2017년 3월 31일, 일본의 밴드 주식회사 등 3개의 회사가 우리나라 기업인 태광(주) 등 5개 기업을 상대로 해당 수출품으로 인하여 2015년 10월부터 2016년 9월 사이에 해당 기업의 매출이 감소하는 피해가 발생했다며 반덤핑 조치 조사를 신청했다. 2018년 3월 30일 반덤핑 조치에 대해 산업 피해가 있다는 판정을 받았고 2018년 3월 31일부터 5년간, 2023년 3월 30일까지 태광(주)는 41.8%, 기타 업체는 69.2%의 덤핑 방지 관세를 부과 받는다.

표-20. 일본의 대 한국 반덤핑 조치 현황(규제 중)

3. 수산화칼륨 　(Potassium Hydroxide) 　HS코드 : 2815.20 　조사개시 : 2015.5.26. 　최종판정 : 2016.8.2.	·조사대상국 : 한국, 중국 ·조사신청에 의한 덤핑마진율 : 56.88% (중국산 : 81.15%) ·2016.3.25.-경제산업성과 재무성, 　잠정반덤핑 관세 부과결정 ·2016.4.5.-시행령 각의 통과 ·2016.8.2.-반덤핑 최종판정 ·2016.8.9.부터 5년간 한국산에 대해 49.5% 반덤핑 관세 부과 　(중국산 73.7%) ·2021.8.8.-관세조치 만료
4. 철강제 관연결구류 　(Tube and Pipe Fittings 　Butt Welding Fittings) 　HS코드 : 7309.93 　조사개시 : 2017.3.31. 　최종판정 : 2018.3.30.	·조사대상국 : 한국, 중국 ·2017.3.31.- 반덤핑조사개시 ·제조업체 : 일본 밴드 주식회사 등 3개사 ·조사대상업체: 태광(주),성광밴드, SBC밴드, 화진(주), 　YOUNG (주) 등 5개사 ·한국 덤핑마진율 : 60~80% ·2018.3.30. 반덤핑 최종판정 ·2018.3.31.부터 5년간 태광(주) 41.8%, 기타 업체 69.2% 부과 　(중국산 57.3%)

출처 : 2019 상반기 대한 수입규제 동향과 하반기 전망, KOTRA. 저자 재작성

　수출 기업은 당연히 고율의 관세를 부과 받게 되면 가격경쟁력이 떨어지게 되어 손해가 발생한다. 두 건에 대한 일본 정부로부터 산업 피해 조사가 진행될 당시 한국 기업은 성실하게 최선을 다해 조사에 임하는 것이 기업의 피해를 최소화할 수 있는 방법이었다. 따라서 일본의 조사 당국이 한국의 대상 기업에게 조사서, 질문서 등을 요구하게 되면 반드시 기한 내에 최선의 자료를 제출하는 것이 당연한 일이었고 한국 기업은 적극적으로 대응할 수밖에 없다. 하지만 '수산화칼륨'의 산업 피해 조사 시, 일본 당국은 130여 페이지에

달하는 질의서에 대한 답변서와 모든 관련 자료의 제출을 요구하였고, 당연히 자료를 준비할 합리적인 시간을 줘야함에도 불구하고 우리나라 기업의 기한 연장 요구에 대해서도 거부했다. 또한 '철강제 관연결구류'의 경우도 마찬가지로 우리나라의 관련 기업들에게 지나치게 방대한 자료를 요구했다.

산업 피해 조사 시 수출 기업의 적극적인 대응은 당연한 일이다. 만약 자료의 미비나 실수로 일본 내 산업 피해가 더 많이 산정되게 되면 기업으로서 더 큰 피해를 보는 것은 당연하다. 두 가지 사안은 모두 반덤핑 조사였는데, 이때 가장 중요한 것은 수출품의 가격이 수출국 내 기준 가격과 비교하여 '얼마나 많이 저렴한가'이다. 왜냐하면 그 가격의 차이가 바로 반덤핑관세로 부과되기 때문이다. 수출 기업으로서는 적극적으로 해명하는 것이 기업의 피해를 줄이는 방법이다.

일본 당국이 제시한 기간 내에 답변을 어렵게 만드는 방식으로 일본 정부의 우리나라 기업에 대한 산업 피해 조사가 불합리하게 진행되었다. 물론 한국 기업의 일본 시장 점유율이나 덤핑 여부를 판정하는 부분에 대해서 근거 없는 결정을 하지 않았으리라 추측할 수 있지만, 이러한 무역 구제 조치의 특성상 수출 기업들이 일본 당국의 질문과 조사에 대해 성실하게 대응했음에도 불구하고 조사 당국이 자의적으로 자료를 판단하고, 한쪽에만 유리한 정보를 선택하게 된다면 분명 불합리한 결정으로 지나친 구제 조치가 시행될 수 있다.

일본의 무역구제 조치 이외의 조치들

일본은 WTO의 협정에서 규정하는 정당한 방식의 구제 조치 건수는 미국이나 중국 그리고 우리나라와 비교하면 상당히 적다. 2019년 7월 1일 기준으로 미국은 1986년부터 총 67건의 수입 규제 조치를 시행했고 그 중에서 36건이 규제 중이다. 중국의 경우 39건의 수입 규제 건수가 현재까지 발생했고, 현재 규제 중인 건수는 14건이다. 이에 비해 일본은 단 4건의 수입규제 조치를 시행했고, 현재 한국 기업에 2건의 덤핑 방지 관세를 부과 중이다.[45]

위의 사실로 볼 때, 일본은 과거와 마찬가지로 현재에도 자유무역을 신봉하고 있는 것일까? 무역 규제 조치가 필요 없을 정도로 공정한 무역을 지향하고 있는 걸까? 좀 더 깊이 들여다보면 사실과 다르다. 다만, WTO의 협정에 따른 구제 조치의 시행은 거의 없지만, 일본 정부의 자의적이고 내부적인 정책을 보호무역의 수단으로 하는 경우가 있다. 즉, 일본은 행정시스템을 이용하는 방식으로 산업 피해를 구제하거나, 보호하려는 경향이 있다.

일본은 우선, 수입 규제 조치를 전담하는 별도의 정부 조직이 없다. 미국의 경우, USITC^{United States International Trade Commission}와 미국상무부^{United States Department of Commerce}가 산업 피해를 조사하고 그 피해에 대한 구제 조치를 결정한다. 우리나라는 미국과 비슷하게 무역위원회^{Korea Trade Commission}가 국내 기업들로부터 산업 피해 조사 신청을 받고 조사를 시행하며, 구제 조치를 결정한다. 하지만 일본은 경제산업성의 재무성, 산업소관성청과 조사담당자

단 등을 구성해서 공동으로 산업 피해 조사와 수입 규제 조치 등의 조사를 실시한다.[46]

일본은 이전에서 살펴본 바와 같이, 2001년 고이즈미 총리의 집권기에서 선거를 대비한 보호무역 조치를 취했던 적이 있었다. 이때 미국, 중국 그리고 우리나라의 야채 과일의 수출에 피해를 주었는데, 그 당시 일본은 '검역건수의 제한'을 결정했다. 사실 WTO 규정에서는 위생 및 식물 위생 조치의 적용에 관한 협정SPS 협정에서 자유로운 무역을 해치지 않는 선에서 검역 절차의 지침을 정하고 있다. 하지만 이 조항 어디에서도 검역 건수를 제한하는 등의 자세한 규정은 찾아볼 수 없다. 그것은 각 국마다 검역 기준이 높은 경우에 대해 불공정 무역으로 판단하지, 하루 동안 검역을 몇 건 이상 하면 안 된다는 기준으로 무역을 제한하지는 않는다. 즉 검역을 회원국이 무역 장벽으로 이용할 때는 검역의 기준을 높이고, 그 절차를 복잡하게 하는 등의 방법을 사용한다. 하루 동안의 검역 건수를 제한하는 것은 너무나 분명하게 수입을 제한하는 조치로 보이기 때문이다. 일본은 여전히 자국의 행정 조치를 이용하는 방식으로 무역을 규제하고 있다.

최근 2019년 5월 30일, 일본 정부는 한국산 넙치에 대한 모니터링 검사 비율을 20%에서 40%로 확대하였고, 키조개, 새조개 등에 대해서도 수입 신고의 10% 수준에서 검역을 진행했던 것에서 20%로 확대했다. 일본 국내 상황에 따라 검역 강화를 결정했다고 할 수 있으나, 시기적으로 일본이 한국의 후쿠시마 수산물 관련 분쟁에서 패소한 이후 나온 조치이고, 따라서 그것에

대항한 조치라고 할 수 있다.**47**

일본은 한국으로부터 김, 고등어, 꽁치 등의 10개 품목을 수입하면서 수입쿼터 제도를 운영하고 있다. '수입쿼터IQ, Import Quota'란 다른 나라로부터 수입할 수입량을 결정하는 것을 말한다. 정확하게 말하자면, 수입할 물품, 수입 총량을 각국별 수입업자별로 할당량을 정해주고 그 한도 내에서 수입을 승인해주는 제도이다.**48**

이러한 일본의 수입쿼터제도는 특별히 선착순으로 수입량을 할당해준다든가, 무역상사별로 할당하고, 그 신청 시기, 접수 기간 등의 제한이 많고 복잡하게 운영되어 일본으로의 수산물 수출이 원활하지 못했다. 일본은 이러한 행정상의 규제가 필요한 조치라고 주장하지만, WTO협정에서는 분명히 수입쿼터제를 금지하고 있다. 어떠한 형태로든 한 국가는 자국 내로 수출, 수입하는 물품의 수량을 제한하거나 금지할 수 없다.

일본의 우리나라의 김 수출에 쿼터를 정하는 방식의 수입 제한 조치는 분쟁의 소지가 있었다. 결국, 이 문제는 WTO 분쟁해결기구에 한국이 일본을 제소하였고, 양 당사자국이 협의를 했지만 만족할 만한 결과가 나오지 않자, 한국은 패널 설치를 요청했다. 이에 따라 2005년 3월 21일 패널이 설치되었다.**49** 그러나 판정 결과로서 패널리포트를 채택하기 전에 일본이 수입쿼터를 늘리는 것으로 합의에 도달하여 분쟁이 종결되었다. 2018년에도 EU와 한국이 일본의 수입쿼터 제도의 폐지를 요구했지만 그때마다 수입쿼터제도는 유지하면서 쿼터의 물량을 경우에 따라 늘려주는 방식으로 대응하고 있다.**50**

수입쿼터제도는 WTO가 규정에서 명문화하여 금지하고 있는데도 여전히 행정이나 산업상 필요한 조치로 유지하면서 분쟁의 소지가 있을 때 쿼터를 늘려주는 방식으로 무마하고 있다. 일본의 특별한 경제적 환경이나 산업의 특성을 고려한 제도라고 할지라도 WTO 회원국으로서 조항에서 금지하는 것은 따라야 한다. WTO의 회원국으로서 협정에 반하는 제도를 유지하면서 그것을 무역 장벽으로 활용한다면 분명 분쟁이 발생할 여지가 많고, 분쟁을 통해 보복 조치를 당하는 것은 당연한 일이다.

일본의 무역 구제 조치는 다른 나라에 비해 활발하지 않지만 결국 그것은 자국의 산업을 자의적인 방식으로 보호해왔기 때문이다. 2005년의 '한국산 김 수입쿼터' 분쟁이나, 2001년 고이즈미 총리가 시행했던 '검역건수의 제한'이라는 조치와 비슷하게, 이번에도 일본의 '수출강화조치'라는 관련법 개정으로 한국이 일본 기업이나, 생산업체, 관련 산업에 피해를 주지 않았음에도 불구하고 불공정한 무역 관련 조치로 인하여 한국 산업은 어떤 방식으로든 피해를 입게 될 가능성이 높다.

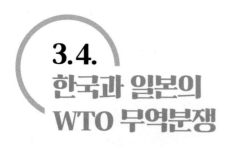

3.4.
한국과 일본의
WTO 무역분쟁

일본의 대 한국 WTO 제소

2019년 4월 기준으로 한국의 대 일본 무역 구제 조치의 조사 신청은 총 53건이다. 그 중에서 조치가 완료된 건수는 34건, 현재 조치 중인 건수는 6건 이다. 일본은 한국산 제품에 대해 고율의 덤핑 방지 관세를 부과하는 2건 외에 이미 조치가 종료된 구제 조치가 2건이 있다. 이러한 무역 구제 조치가 분 쟁으로 발전한 경우 WTO에 제소하게 되는데 일본은 한국에 대해 총 4건, 한국이 일본을 제소한 건수는 2건이다.

표-21. 일본의 대 한국 WTO 제소 (2019.8.31. 기준)

사건번호	분쟁 명	내용
DS495	Import Bans, and Testing and Certification Requirements for Radionuclides (일본산 수산물의 수입규제 및 방사성 핵종의 증명서요구)	•협의신청일 : 2015.6.1. •한국 승소 •상소기구 최종 판정보고서 회람 및 공개 : 2019.4.11.
DS504	Anti-Dumping Duties on Pneumatic Valves from Japan (일본산 공기압 밸브의 반덤핑관세 부과)	•협의신청일 : 2016.3.16. •한국 1심 승소 •1심 최종 판정보고서 회람 및 공개 : 2018.4.12. •상소기구 설치요구: 2018.6.6. 한국, 2018.5.31.일본
DS553	Sunset Review of Anti-Dumping Duties on Stainless Steel Bars (일본산 스테인리스 스틸바의 반덤핑관세 부과의 일몰조항)	•협의신청일 : 2018.6.21. •패널설치요청 : 일본 (2018.9.14.) •패널설치 : 2019.1.22.
DS571	Measures Affecting Trade in Commercial Vessels (한국의 상업용 조선 산업의 지원조치)	•협의신청일 : 2018.11.13 •분쟁절차 진행 중

출처 : WTO, 저자 재작성

일본의 제소 중에서 한국이 WTO에서 승소한 사건은 한국이 후쿠시마산 수산물 분쟁과 한국산 공기압 밸브에 대한 분쟁으로 총 2건이다. 한국은 후쿠시마산 수산물에 대해 수입을 금지했고 일본은 한국 정부의 조치가 부당하다며 WTO에 제소했다. 그 결과, 1심인 패널에서 한국은 패소했고 이에 한국은 다시 상소기구에 항소하여 결국 2019년 4월 11일 한국의 승소 판정이 있었다.

또 다른 분쟁으로, 일본산 공기압 밸브의 덤핑 수출 때문에 산업 피해가 발생하였고, 한국은 해당 제품에 반덤핑관세를 부과했다. 하지만 일본은 그 조치가 부당하다고 주장하면서 WTO에 제소했지만, 1심에서 한국이 부분적으로 승소했다. 1심 패널은 주요 쟁점에서 몇 가지를 제외하고 대부분 한국의 규정 위반은 없었다고 판단했다. 그 후, 일본은 2018년 5월 31일에, 한국은 동년 6월 6일에 상소기구 설치를 요청했다. 2019년 8월 현재 상소기구의 심의가 끝나고 채택된 상소기구 리포트의 회람 및 공개만 남아 있다.

일본의 한국에 대한 제소 중에서 분쟁 절차가 진행 중인 건은 2건이다. 하나는 일본산 스테인리스 스틸바에 대한 분쟁인데, 한국 정부가 덤핑 방지 관세를 부과하고 부과 기간이 끝나자, 다시 그 기간을 연장했다. 일본은 한국 정부의 관세 부과 기간의 연장 결정이 부당하다고 판단하고 2018년 6월 21일 WTO에 양자협의를 신청한 것이다. 이 합의가 원만하게 진행되지 않으면 일본이 정식으로 패널 설치를 요청하게 되고 본격적으로 분쟁 해결 절차가 시작된다. 결국 양자 협의가 결렬되었고, 2018년 9월 14일 일본은 정식으로 패널 설치를 요청했다. 2019년 1월 22일에 패널 설치가 완료되어 심리가 진행 중이다. 또한 한국의 상업용 조선 산업의 지원 조치에 관한 분쟁은 현재 한국과 일본 외에 제3자로서 EU와 대만의 협의 참여 요청이 있었고 아직 정식 패널 설치 요청은 없었다. 이 분쟁은 한국이 조선 산업에 대해 보조금을 지급하여 불공정하다는 판단을 하여 일본이 2018년 11월 13일 양자 협의를 WTO에 신청한 사건이다.

한국의 WTO 제소

표-22. 한국의 대 일본 WTO 제소

사건번호	분쟁 명	내용
DS323	Import Quotas on Dried Laver and Seasoned Laver (한국산 김의 수입쿼터)	·협의신청일 : 2004.3.12. ·분쟁 종료
DS336	Countervailing Duties on Dynamic Random Access Memories from Korea (한국산 DRAM에 대한 상계관세부과)	·협의신청일 : 2006.3.20. ·분쟁 종료

출처 : WTO, 저자 재작성

　한국이 일본을 WTO에 제소한 사건은 모두 2건으로 현재는 모두 분쟁이 종료되었다. 일본은 WTO협정에서 인정하지 않는 수입 물량 규제 즉, 수입쿼터제를 운영하면서 특별히 한국산 김에 대해 수입 물량을 조절하였는데, 한국은 그것이 불공정무역이라 판단하여 2004년 3월 12일 WTO에 양자 협의를 요청하였다. 결국 협의가 결렬되어 패널 설치를 요구했고 패널이 설치되면서 1심의 분쟁 해결 절차가 정식으로 진행되었다.

　그러나 일본은 2004년 12월 1일 한국에 협의를 요청하였고 한국산 김에 대한 수입쿼터의 증량을 제안하고 협의안을 도출하여 분쟁이 종결되었다. 하지만 2006년 1월 20일에도 일본의 한국산 김에 대한 일본의 수입쿼터에 대하여 실무회담을 실시하였고 일본이 향후 10년간 1,200만 속^{김 100장이 1속}으로 증량하기로 하여 2004년 김 수입쿼터의 분쟁이 최종 타결되었다. 1,200만 속은 2004년도 김 수입 물량인 240만 속의 5배 증가한 물량이다. 하지만 여전히 일본은 물량 제한이라는 수입 장벽을 유지하고 있어 앞으로도 한국의 수출에 걸림돌이 될 가능성이 높다.

2006년 3월 20일 일본이 한국산 하이닉스 반도체의 DRAM에 대해 WTO에 협의를 신청했다. 그 후, 2006년 5월 18일에 패널 설치를 요청했고 일본의 상계관세 부과에 대한 조사가 시작되었다. 양 당사자가 서면으로 입장서를 제출하였고 결국 상소기구에서 2007년 11월 28일 한국이 승소하였다. 일본은 기존에 한국 제품에 대해 부과했던 27.2%의 상계관세를 9.1%로 감축하였고 2009년 4월 23일 상계관세 부과를 철폐하였다. 그러나 이 분쟁에서 일본은 상소기구의 결정에 의해 판정 내용을 따라야 하지만 그 이행이 충분하지 않다고 판단하면 승소한 국가는 패소한 국가의 이행을 검토하기 위해 이행 패널의 설치를 요구할 수 있다. 일본은 한국이 이행 패널의 설치를 요청한 이후 상계관세를 철폐하여 분쟁이 최종적으로 종결되었다.

일본의 대 한국 WTO 제소의 경향

일본 정부는 WTO에서 분쟁의 절차가 진행될 때, 패널과 상소기구의 판정이 내려지기 전, 또는 분쟁의 과정 중 양 당사자의 협의 절차를 적극적으로 이용하는 경향이 있다고 판단된다. 한국의 김 수입쿼터 분쟁 경우에도 패널이 설치된 이후 패널의 잠정 보고서를 배포하기 직전에 협의를 제안하였고 수입쿼터를 5배 증량하는 것을 제안하여 분쟁을 종결시켰다. 또한 한국 DRAM의 상계관세 부과에 대한 분쟁에서 상소기구의 판정이 내려진 후, 일본은 판정 결과대로 이행해야 하지만 제대로 따르지 않자, 한국은 이행 패널을 요청하였다. 하지만 일본은 해당 패널이 설치되기 바로 전에 상계관세의 부과를 철회하여 분쟁이 종결되었다.

한국산 김의 수입쿼터 관련 분쟁에서 쿼터제는 분명히 WTO에서 명확하게 금지하고 있는 조치이므로 한국이 만약 협의에 응하지 않고 상소기구의 판정을 받아서 분쟁을 종결하려고 했다면 일본은 쿼터제 등의 자의적 규정을 사용할 수 없었을 것이고, 한국이 입은 피해만큼의 보복 조치를 받았을 것이 분명하다. 따라서 일본은 양자 협의로 분쟁을 해결하길 원했고, 여전히 WTO에서 금지하고 있는 제도를 운영하여 자의적으로 무역 장벽을 유지하고 있다.

한국과 일본의 WTO에서의 분쟁은 그 건수가 많지 않다. 하지만 일본이 한국을 WTO에 제소한 분쟁의 경우를 보면 최근 제소 건수가 증가하고 있는 추세이다. 2015년의 후쿠시마 수산물에 대한 방사능 오염으로 인한 수입 금지 조치와 2016년의 1건, 그리고 2018년의 2건이 모두 최근 발생한 분쟁이라는 점에서 일본은 자국 제품에 대한 한국의 무역 구제 조치, 한국의 보조금 지급 등 철강, 조선업 등에 대해 관심 있게 지켜보고 있고, 무역 거래에서 불공정하다는 판단을 하게 되면 WTO에 적극적으로 제소하고 있다. 이는 과거 일본이 WTO 제소에 대해 그다지 적극적이지 않았던 점을 고려해보면 앞

으로 모든 상대국의 무역 구제 조치, 또는 보호무역 조치라고 판단하는 경우

WTO의 분쟁해결기구에 제소를 결정할 가능성이 높아졌다고 할 수 있다.

Hyesan
Hamheung
Wonsan
Sinuiju
KOREA
Ullueng-Do
Pyeongyang
Gaeseong
SEOUL
Incheon
Daegu
Ulsan
Busan

4

WTO는
무엇인가

최근 일본의 '수출강화조치'의 시행은 수출 규제가 단순히 자국 산업을 보호하기 위한 행정 조치라고 주장하지만 한국의 첨단 산업을 겨냥한 보복 조치가 분명하다. 사실상 양 국가 간의 정치적 현안인 일제 강점기의 강제동원 피해자의 배상 문제를 해결하려는 목적, 또 그 외의 여러 문제에 대한 노림수로써 경제 조치를 꺼내들었다는 점에서 일본은 비난을 피할 수 없는 상황이다. 이러한 한일 무역전쟁은 단순히 일본의 조치가 한국에게 피해를 주는 것으로 끝나지 않고 세계 경제에도 악영향을 미칠 수 있다는 것은 충분히 예상이 가능한 일이다. 이렇게 양국가의 경제 상황이 악화되면서 무역 분쟁으로 치닫게 되는 양상이 전개되고 결국 WTO에 제소할 것이라는 예상을 할 수 있다.

한국이 일본의 불공정한 조치를 WTO에 제소하는 경우 과연 승소할 수 있을까? 이 질문에 대한 답을 얻기 위해서는 WTO가 무엇인지, 어떤 일을 하는지 이해할 필요가 있다. 현재 우리가 일본과 무역전쟁을 시작한 이전에 우리나라와 관련된 수많은 무역 분쟁들이 있었고 그때마다 언론을 통해 많은 통상 용어를 접할 수 있었다.

미국이 한국산 반도체 제품에 대해 상계관세 또는 반덤핑관세를 부과하였다거나 또 세이프가드 조치를 발동했다는 등의 낯선 단어들을 많이 볼 수 있었다. 무역 분쟁이 발생하면 반드시 언급되는 WTO는 무엇인가? 간단히 말하면 'WTO는 무역 분쟁을 해결하는 국제재판소의 역할을 하며, 관련 규정들을 정하고 무역 질서를 지키기 위한 단 하나의 무역 통상 관련 국제기구'이다.

한일 무역 분쟁을 이해하기 위해서도 당연한 일이지만, 앞으로도 우리나라가 부당한 무역 조치로 상대국을 WTO에 제소하거나 피소 당했을 때, 어떻게 분쟁이 해결되는지 조금 더 깊이 이해하기 위해선 WTO에 대한 이해가 필요하다.

4.1.
WTO는
무엇인가

　　WTO는 'World Trade Organization'의 약자이다. 즉 '세계무역기구'의 영어 약자로서 WTO라고 간단히 부른다. 전 세계의 무역을 규율하는 기구로서 '자유로운 무역'과 '공정한 무역'이라는 모토 아래, 모든 국가들이 자유롭고 공정하게 무역하는 것을 목표로 만들어졌다. 자유로운 무역을 방해하거나, 공정하지 않은 무역 행위를 했을 경우 국가 간 분쟁을 해결한다. 전 세계 무역을 규율하는 단 하나의 국제기구라고 할 수 있다. WTO를 이해하기 위해서 우선적으로 알아야 하는 것이 바로 GATT이다. GATT는 관세와 무역에 관한 일반 협정General Agreement on Tariffs and Trade의 영어 약자이다.

관세와 무역에 관한 일반 협정, GATT

GATT, '관세와 무역에 관한 일반 협정'은 국가들 사이에서 무역에 대해 규율하기 위해 만든 국제 조약이다. 2차 세계대전이 끝난 후 초토화된 경제를 부흥시키기 위해 모든 나라가 노력한 결과 1944년 브레튼우즈협정에 의해 '국제통화기금IMF, International Monetary Fund'과 '세계은행World Bank'이 설립되었다. 또한 국가 간 무역을 원활하게 하기 위해 국가 간 조약으로 만들어진 것이 바로 'GATT'이다.

1947년 스위스 제네바에서 23개국이 GATT를 체결한 것이 그 시작이다. 그 협상을 '제네바라운드'라고 부른다. 모든 국가들이 한 테이블에 모여 협상한다는 의미로 쓰인 라운드는 그 후 우루과이에서 열린 '우루과이라운드'까지 총 8번이 열렸다.

'우루과이라운드'에서는 총 125개국이 모여 무역에 관한 협상을 진행하였는데 그 협상의 내용 중 가장 중요한 것이 WTO의 창설에 대한 것이었다. 이로써 국제 무역을 규율하는 최초의 국제기구 WTO가 탄생하게 된다. 1차 제네바라운드 이후 8번째 우루과이라운드까지 GATT는 기본 조약으로 역할을 하였고 그 후 WTO가 만들어지면서 GATT의 세부적인 조항들을 보완할 수 있는 'WTO 협정문'이 만들어지게 되면서 현재의 WTO가 완성되었다. 사실 WTO가 생기기 전에 세계 각국은 모든 무역 질서를 규율할 수 있는 국제기구로서 ITO를 만들기 위해 노력했다. WTO는 익숙하지만 그 이전에 더 강력한 국제기구인 ITO가 만들어질 뻔했던 사실을 아는 사람은 별로 많지 않다.

ITO, 국제무역기구 설립의 노력과 실패

ITO는 'International Trade Organization'의 약자로서 '국제무역기구'라고 부른다. WTO가 구상되기 이전에 1948년 쿠바의 하바나에서 열린 '하바나협상'에서 ITO의 설립에 대해 논의가 되었다. 그 당시 1차 세계대전이 발발한 이후부터 각국은 산업 보호를 위해 무역 장벽을 더 높이 쌓아올리기 시작했다. 많은 무역 규제들을 만들어내고 시행하면서 각국은 수입은 금지하여 자국 산업을 보호하고, 수출만 잘해서 남는 장사를 하려고 노력했다. 그 결과 무역 거래를 통한 모두의 이익을 포기하는 상황이 되었다. 하지만 관세를 낮추고 보호무역 조치들을 철폐하려는 움직임으로 겨우 국제 경제가 되살아나는 상황에 다시 미국이 관세를 높은 수준으로 인상하면서 전 세계 경제는 움츠러들었고, 결국 1930년대 '대공황'으로 모든 것이 붕괴되고 말았다.

그 후 미국의 관세율은 더욱 높아졌고 모든 국가들도 수입은 막고 수출은 더욱 촉진하는 상황이 되었다. 그러던 중 2차 세계대전이 발발하게 되고 전쟁이 끝난 후, 모든 국가들, 특히 미국은 다시 피폐해진 세계 경제를 되살리려는 노력을 시작했다. 양자간, 다자간의 국가 협력을 통해 국제 무역 거래를 발전시키는 것이 모든 국가의 경제 발전이 가능하게 하는 최선의 방법임을 깨달았다. 대량 수출, 대량 수입이 가능한 방법을 구상했고, 정부 주도가 아닌 사기업의 무역을 촉진했다. 그리고 하바나협상에서 논의된 바에 따라 ITO를 설립하기 위해 수년간 미국의 주도 하에 많은 국가들이 노력했다.

결과적으로, '하바나헌장Havana Charter'이 제정되고 모든 국가들의 비준만 남은 상황에서 대다수 국가들뿐만 아니라 ITO의 설립을 강력하게 주장했던 미국마저 의회 비준을 받지 못함으로써 그 설립이 무산되게 된다. 애초 ITO가 규율하고자 했던 것들은 WTO보다 범위가 넓다. 공공독점뿐만 아니라 사적 독점과 카르텔에 의해 국가 간 무역이 제한되어서는 안 되고, 이것은 공기업뿐만 아니라 사기업이 생산을 증가하고 무역을 확대하기 위한 조치들도 독점적인 지위를 이용하여 왜곡시키는 것이라고 판단했다. 또한 '환율통제'를 무역 제한 조치로 이용할 수 있기 때문에 이것에 대한 조항도 포함하고 있다.

현재의 WTO 규정과 가장 분명한 차이는 사기업의 상관행도 제한할 수 있다는 것과 환율의 통제가 가능하다는 점이다. 하지만 현재 WTO의 규정은 ITO와 비교해서 그 규제가 대폭 축소되어 '정부의 조치'에 대해서만 규율할 수 있다. 가정이지만 ITO가 설립되었다면 지금의 국제 무역 환경은 지금과 많이 달라졌을 것으로 생각된다.[51] 설립에 실패했지만 GATT의 조항은 ITO를 설립하기 위해 논의가 되었던 일반 원칙들의 많은 조항을 수용하면서 그 체계를 갖추게 되었다.

우리나라는 1967년 3월 14일 GATT 협정에 서명하였고 동년 4월 14일에 71번째 체약국이 됨으로써 세계에서 가장 가난한 나라 중 하나였던 대한민국이 경제 개발을 위해 한 걸음 내디디게 되었다. 그 후, 1995년 1월 설립된 세계무역기구의 원년 회원국으로서 참여하였다. GATT의 체약국으로서 한국은 개발도상국으로서 협정에서 인정하는 수준의 국내 유치 산업을 보호할 수 있었던 이점을 살려 수출을 통한 경제 성장 기반을 마련할 수 있었고, 현재 2018년 기준으로 대한민국은 수출 6,000억 달러를 달성하여 세계 6위의 수출 국으로 성장할 수 있었다.

세계무역기구, WTO의 설립

1986년 9월부터 1994년 4월까지 약 8년이라는 기간 동안 진행된 '우루과이라운드' 협상을 통해 125개국은 세계무역기구, 즉 WTO를 설립하는 데 합의했다. 그 외에도 공산품의 관세를 인하하고 비관세장벽을 완화하며, 농산물과 섬유류 등의 상품 무역에 대해 각각의 협정을 만들고, 서비스 무역, 지적 재산권 등의 안건에 대해 협의했다. 또한 이 회의에서 분쟁 해결 절차 및 규칙에 대해서도 합의하였다. 이 협상을 통해 1995년 WTO가 공식적으로 설립된다.

8년이 넘는 협상 기간을 보더라도 이 협상이 쉽게 타결된 것이 아님을 알 수 있다. 125개국은 각국마다 경제 발전 정도가 다르고 무역 규모도 다른 상황에서 어떻게 협상이 타결될 수 있었을까. 우루과이의 푼다 델 에스테에서 열린 우루 과이라운드 협상 당시 회원국들은 모든 부문의 협상 결과를 일괄적으로 수용해야 한다는 원칙이 만들어졌다. 바로 '일괄타결$^{Single\ Undertaking}$'의 원칙이 우루과이라운드를 성공적인 협상으로 만들 수 있었다.[52] 물론 WTO에 가입하는 모든 국가들은 모든 조항들을 구분하지 않고 일괄적으로 수용했지만, 추후 각국의 경제 상황에 맞는 예외 조항들을 만들기 위해 추가적인 협상이 이루어졌다.

GATT는 협정이고 WTO는 국제기구로서 분명히 구별된다. GATT는 '협정'으로서 각국이 협정을 체결한다는 의미에서 '체약국$^{Contracting\ Party}$'이라고 부르지만, WTO는 국제기구로서 가입한 국가들을 '회원국^{Member}'이라고 부른다. 하지만 WTO가 설립되어 협정문을 새로이 만들었다고 하여 GATT의 조항들을 폐기한 것은 아니다. 여전히 모든 무역 관련 이슈들을 다룰 때 고려해야 하는 기본 조항이 바로 'GATT 1994'이다.

WTO 사무국은 스위스 제네바에 있다. 1995년 1월 1일에 설립되었고 2019년 기준으로 총 회원국은 164개국이다. 2019년 현재 WTO의 6번째 사무총장$^{Director\ General}$은 호베르토 아제베도이다.[53] 2013년 9월, WTO 일반이사회$^{General\ Council}$ 회원국들의 합의로 4년의 임기를 마치고 2017년 9월 다시 두 번째 임기를 시작했다.

WTO의 역할을 간단히 설명하면 상품 무역이 보다 자유롭게 이루어지도록 관세를 낮추고, 비관세 장벽을 없애는 등 각 회원국의 보호무역을 철폐하기 위해 노력한다. 그 이후 서비스의 무역과 지적재산권 등의 이슈도 포함하여 모든 형태의 국가 간 거래에 대해 규율한다. 또한 모든 회원국들은 자국의 무역 정책을 WTO 협정에 맞게 최대한 조화롭게 운영해야 할 의무를 진다.

국가의 경제 관련 행정 운영이나 무역 규제를 위한 법령은 모두 WTO의 규정에 최대한 가깝도록 노력해야 한다. WTO는 이러한 무역 정책들이 얼마나 투명하게 운영되는지 회원국의 정책을 조사하는 역할도 한다. 또한 아직 경제개발이 충분히 이루어지지 않은 개발도상국들을 지원하고 돕는 역할을 한다.

WTO의 회원국들은 세 가지로 분류된다. 선진국, 개발도상국 그리고 가장 경제 발전이 이루어지지 않은 최빈개도국으로 분류할 수 있는데, 회원국으로 가입할 당시 각 국가들은 자국의 경제 발전 정도에 따라 스스로 결정한다. 우리나라의 경우 농업 부문에서는 개발도상국의 지위라고 선언했다. 개도국과 최빈개도국은 선진국 수준보다 더 낮은 수준의 의무를 진다. 또한 관세 부과와 기타 여러 가지의 혜택을 받을 수 있다.

WTO 회원국 - 2019년 현재 164개국

선진국 Developed Country

개발도상국 Developing Country - 한국은 농업 부문에서 개발도상국의 지위를 갖는다.

최빈개도국 Least-developing Country - 네팔, 탄자니아, 콩고 등 37개국

가입 협상 국가 Negotiating membership Country - 총 22개국이 가입을 위해 협상 중이다. 그 중에서 최빈개도국으로서 협상 중인 국가는 8개 국가이다.

WTO의 가장 중요한 기능은 회원국들 간의 무역 관련 분쟁을 해결하는 것이다. 모든 회원국들이 지켜야 할 원칙이자, WTO의 운영 원칙은 바로 'Non-discrimination' 즉, '비차별주의'이다. 이 원칙에 의해 모든 회원국들은 다른 회원국들을 차별하지 않아야 한다. 또한 무역 장벽을 쌓아 자국의 산업을 부당하게 보호하기 위한 조치들과 불공정한 무역 행위도 금지한다. 그래서 보다 자유롭고 공정한 무역을 통해 각국이 발전하도록 하는 것이 WTO의 목적이다. 또한 다른 저개발국가, 개발도상국들의 발전을 위해 WTO는 최선의 지원을 하고, 모든 회원국들도 협정에서 정한 바에 따라 최대한 의무를 이행해야 한다.[54]

WTO 조직

WTO는 다른 국제 조직, 기구들과 다른 의사 결정 방법을 정하고 있다. 예를 들면, IMF나 세계은행은 이사회가 조직의 임원들을 감독하는 기능이 있다. 주요 선진국들이 이사회에 상임이사로서 투표할 때에도 더 많은 투표권을 갖지만, WTO는 모든 회원국들의 합의에 의해 결정이 이루어진다. 즉, 모든 회원국들의 참여와 합의가 이루어지는 과정을 통해 모든 것이 정해진다고 할 수 있다. 따라서 WTO의 사무국장이나 위원회의 임원들이 결정하고 회원국 정부가 일방적으로 따르는 형태가 아니다. 그래서 WTO 조직을 보면 수많은 협상과 작업 그룹, 작업반, 위원회가 있고 모든 회원국들이 참여하여 협의를 통해 결정을 내린다.

· **각료회의**Ministerial Conference

각료회의는 2년마다 열리는 최고 의사결정기구로서 WTO 다자무역협정의 모든 분야에 대해 결정권을 갖는다.

· **일반이사회**General Council

일반이사회는 각료회의가 열리지 않는 기간 동안, 각료회의가 결정해야 하는 WTO의 모든 영역에 관한 업무를 위임받아 처리한다. 분쟁해결기구 General Council meeting as Dispute Settlement Body와 무역정책검토기구General Council meeting as Trade Policy Review Body도 일반이사회로서 분쟁을 해결하기 위한 일반이사회, 무역 정책을 검토하기 위한 일반이사회라고 이해할 수 있다. 따라서 일반이사회에서 처리하는 업무는 회원국 간의 분쟁을 해결하고, 모든 회원국의 무역 정책을 검토하는 등 모든 사항을 처리한다. 또한 일반이사회의 부속 기구로서 분쟁해결상소기구Appellate Body Dispute Settlement Panels와 민간항공기교역위원회Trade in Civil Aircraft Committee, 정부조달위원회Government Procurement Committee의 복수국 간 협정을 다루는 두 개의 위원회 그리고 무역협상위원회Trade Negotiation Committee가 있다. 이 부속 기구의 결정 사항은 일반이사회에 정기적으로 통보된다.

무역정책검토기구는 각 회원국들이 자국의 무역 관련 정책들과 규정들을 투명하고 조화롭게 운영해야 하며 모든 회원국의 관련된 무역 정책을 검토한다. 선진국 중에서 가장 무역 규모가 큰 미국, 일본, 캐나다 그리고 EU는

2년마다 검토를 받는다. 그 다음으로 교역 비중이 큰 한국을 포함한 16개국은 4년마다 검토한다. 그 밖의 나머지 국가들은 6년이며 최빈개도국은 검토를 받아야 하는 기간의 연장이 가능하다.

· 무역에 관한 분야별 이사회

일반이사회가 WTO의 모든 영역에 대한 일을 처리하고 결정한다면, 그 아래 보다 세부적이고 전문적인 분야를 담당하는 이사회가 있다. 이 세 개의 이사회는 업무와 관련된 결정사항에 대해 일반이사회에 보고한다. 상품무역이사회Council for Trade in Goods, 무역관련지적재산권 위원회Council for Trade-Related Aspects of Intellectual Property Rights, 서비스무역이사회Council for Trade in Services는 그 명칭에서 볼 수 있듯이 일반적인 상품의 무역과 지적재산권 그리고 서비스 무역에 관련된 업무를 담당한다. 각각의 위원회는 그 부속 기구로서 여러 위원회Committees와 작업반Working Party을 두고 있다.

· 기타 부속 기구

일반이사회와 분야별 이사회의 부속 기구로서 위원회, 작업반 그리고 협상 그룹이 있다. WTO의 각료회의에서 새로운 이슈들을 검토하기로 결정하면 각각의 주제별로 새로운 작업 그룹이나 작업반을 구성한다. 상품무역이사회의 부속기구로서 시장 접근, 농업, 위생 및 식물 위생, 기술 장벽, 보조금 등의 위원회가 있고, 국영 무역에 대해 검토하는 작업반이 있다.

그림-3. WTO 조직도

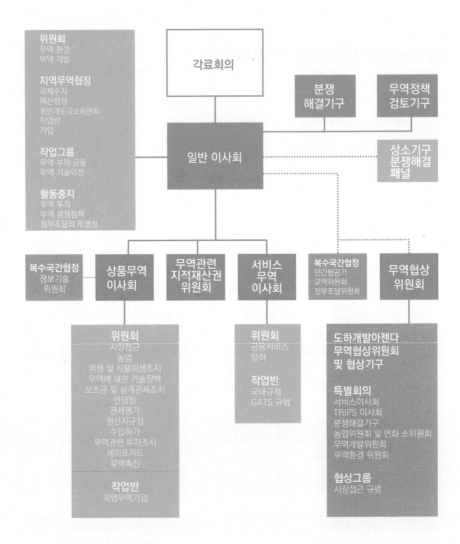

출처 : WTO 웹사이트 , 저자 재작성

4.2.
WTO가 국제무역질서를 규율하는 법
- GATT와 WTO 협정

WTO가 국가 간 무역 질서를 어떻게 조절하고 규율하는지를 살펴보면, 철저히 회원국들의 협의 결과에 의해 만들어진 협정을 그 기준으로 한다. GATT와 WTO는 위에서 설명한 바와 같이 비차별주의를 기본 원칙으로 한다. 그것은 GATT '제1조 일반적 최혜국대우'와 '제3조 내국 과세 및 규정에 관한 내국민대우' 조항을 따른다.

GATT 제1조의 '최혜국대우Most-Favoured-Nation Treatment'[55]는 WTO의 회원국은 다른 회원국을 차별하지 않을 것을 규정한 조항이다. 어떤 한 국가에게 준 혜택은 다른 회원국에게도 동일하게 적용해야 한다. 차별하지 않아야 한다는 것의 의미는 '관세나 과징금의 부과에 차이를 두거나, 수입 절차 등 무역 거래의 제반 사항들을 차별 적용하는 것을 금지'하는 조항이다.

예를 들면, 한국이 중국에게 적용한 규정들은 다른 WTO의 회원국 모두에게 공정하게 적용해야 한다. 즉 한국이 중국으로부터 수입품의 관세를 3%를 부과했다면 당연히 다른 WTO의 회원국들에게도 동종의 상품을 수입하는 경우 3%의 관세를 부과해야 한다. 또한 수입 절차나 다른 모든 수입 관련 조치들 또한 중국과 동일하게 적용해야 한다는 원칙이다.

하지만 여기서 중국이 WTO에 가입한 2001년 12월 11일 이전이라면 당연히 이 조항은 적용되지 않는다. WTO 회원국이 아닌 국가에 대해 적용한 무역 관련 조치들은 다른 국가에게 동등하게 적용할 필요가 없기 때문이다. 또한 고율의 관세를 부과한다고 해서 보복 조치를 걱정할 필요가 없다. 중국이 2001년 WTO 가입을 위해 노력했던 이유가 여기에 있다. WTO에서 모든 국가가 합의한 저율의 관세율을 적용받을 수 있고, 분쟁이 발생하는 경우에도 분쟁해결기구DSB를 이용하여 보다 합리적으로 해결할 수 있다는 점이 크게 작용했다고 할 수 있다.

제1조 일반적 최혜국대우	Article I General Most-Favoured-Nation Treatment
1. 수입 또는 수출에 대하여 또는 수입 또는 수출과 관련하여 부과되거나 수입 또는 수출에 대한 지급의 국제적 이전에 대하여 부과되는 관세 및 모든 종류의 과징금에 관하여, 동 관세 및 과징금의 부과방법에 관하여, 수입 또는 수출과 관련된 모든 규칙 및 절차에 관하여, 그리고 제3조제2항 및 제4항에 언급된 모든 사항에 관하여 체약당사자가 타국을 원산지로 하거나 행선지로 하는 상품에 대하여 부여하는 제반 편의, 호의, 특권 또는 면제는 다른 모든 체약당사자의 영토를 원산지로 하거나 행선지로 하는 동종 상품에 대하여 즉시 그리고 무조건적으로 부여되어야 한다.	1. With respect to customs duties and charges of any kind imposed on or in connection with importation or exportation or imposed on the international transfer of payments for imports or exports, and with respect to the method of levying such duties and charges, and with respect to all rules and formalities in connection with importation and exportation, and with respect to all matters referred to in paragraphs 2 and 4 of Article III,* any advantage, favour, privilege or immunity granted by any contracting party to any product originating in or destined for any other country shall be accorded immediately and unconditionally

비차별원칙의 또 하나의 조항은 GATT 제3조 '내국민대우National Treatment'[56]이다. 이 조항은 자국민대우, 내국인대우 등으로 번역되는데 의미는 동일하다. 내국민대우는 쉽게 설명하면 무역 거래를 통해 일단 국내로 들어온 상품에 대해서 국내 물품과 차별하지 않는다는 의미인데, 정확하게는 수입 상품을 대상으로 국내 판매, 구매, 운송, 유통 또는 그 사용에 적용되는 모든 법률이나 규정, 요건들을 외국으로부터 수입된 물품에 차별적으로 적용하지 말아야 한다는 의미이다.[57] 외국으로부터 위스키가 수입되었을 때 한국산 소주와 주세의 차이를 두게 되는 경우, 위스키에 부과하는 주세가 더 높은 경우 내국민대우 위반이 된다.

제3조 내국 과세 및 규정에 관한 내국민대우	Article III National Treatment on Internal Taxation and Regulation
1. 체약당사자들은 내국세 및 그 밖의 내국과징금과 상품의 국내 판매, 판매를 위한 제공, 구매, 운송, 유통 또는 사용에 영향을 주는 법률·규정·요건과 특정 수량 또는 비율로 상품을 혼합하거나 가공 또는 사용하도록 요구하는 내국의 수량적 규정이 국내생산을 보호하기 위하여 수입상품 또는 국내 상품에 적용되어서는 안된다는 것을 인정한다.	1. The contracting parties recognize that internal taxes and other internal charges, and laws, regulations and requirements affecting the internal sale, offering for sale, purchase, transportation, distribution or use of products, and internal quantitative regulations requiring the mixture, processing or use of products in specified amounts or proportions, should not be applied to imported or domestic products so as to afford protection to domestic production.
2. 다른 체약당사자의 영토내로 수입되는 체약당사자 영토의 상품은 동종의 국내 상품에 직접적 또는 간접적으로 적용되는 내국세 또는 그 밖의 모든 종류의 내국과징금을 초과하는 내국세 또는 그 밖의 모든 종류의 내국과징금의 부과대상이 직접적으로든 간접적으로든 되지 아니한다. 또한, 어떠한 체약당사자도 제1항에 명시된 원칙에 반하는 방식으로 수입 또는 국내 상품에 내국세 또는 그 밖의 내국과징금을 달리 적용하지 아니한다.	2. The products of the territory of any contracting party imported into the territory of any other contracting party shall not be subject, directly or indirectly, to internal taxes or other internal charges of any kind in excess of those applied, directly or indirectly, to like domestic products. Moreover, no contracting party shall otherwise apply internal taxes or other internal charges to imported or domestic products in a manner contrary to the principles set forth in paragraph 1.

1999년 EC, 미국은 우리나라의 주세 부과가 GATT 제3조 2항을 위반했다고 주장하면서 WTO에 제소했다. 한국은 소주 두 종류 중, 희석식 소주에는 35%, 증류식 소주에는 50%의 주세를 부과했다. 두 가지의 소주에 공통적으로 10%의 교육세가 부과되었다. 반면, 수입 주류인 위스키와 브랜디에는 50%에서 100%의 주세가 부과되었고 모든 양주에 30%의 교육세를 부

과했다.

이 분쟁의 쟁점은 한국의 소주와 수입 주류인 보드카, 위스키 등이 소주와 비슷한 방식으로 만들어지고, 소비 형태가 동일해서 동일 상품이라고 미국과 EC가 주장했는데, 이 경우 세금의 부과가 동일하지 않은 경우에는 GATT 제3조 2항의 위반이다. 즉, 소주에 부과하는 주세와 교육세가 당연히 동 조항에서 규정하고 있는 내국세internal taxes에 포함된다고 보았다. 이렇게 차별적으로 주세를 부과하는 경우 한국은 자국의 산업, 즉 소주 생산 업자를 보호하기 위한 조치라고 판단될 수 있었고, 결론적으로 1998년 9월 17일 패널의 판정에서 한국이 패소했다.

한국은 즉각 상소했지만 1999년 2월 17일 상소기구의 판단도 동일하게 한국의 패소를 결정했다. 따라서 2001년 1월 31일까지 한국은 주세 중 소주에 대한 주세는 72%로 인상을 결정했다. 이렇게 정부가 주세를 차등적으로 적용되는 경우에 GATT 제3조 내국민대우 위반이라고 판정이 되었고, 국내 소주 가격이 인상되는 결과를 가져왔다.

GATT 제1조와 GATT 제3조 이 두 조항은 모든 WTO의 기본 원칙으로 많은 분쟁에서 근거 조항이 되고 있다. 이 두 가지의 원칙과 함께 WTO 조항은 기본적으로 모든 회원국들의 관세인하를 요구하고 있으며 보다 자유로운 무역을 위해 관세율을 정하고 그 이상의 관세를 부과하는 것을 금지한다. 현재 일본의 수출 규제가 부당하다고 한국이 주장할 수 있는 근거 중 하나는 GATT 제1조 최혜국대우 조항이다.

4.3.
WTO의
예외 조항

최혜국대우와 내국민대우는 회원국들이 지켜야 할 가장 강력하고 기본

적인 조항이지만 특별한 경우, 그 의무를 지키지 않아도 된다. GATT '제20조

일반적 예외'에서 최혜국대우나 내국민대우를 포함한 WTO 회원국의 의무

규정을 지키지 않아도 되는 경우를 열거하고 있다. 다음은 주요한 일반적 예

외 조항의 내용이다.

GATT 제20조 일반적 예외	Article XX General Exceptions
(a) 공중도덕을 보호하기 위하여 필요한 조치	(a) necessary to protect public morals;
(b) 인간, 동물 또는 식물의 생명 또는 건강을 보호하기 위하여 필요한 조치	(b) necessary to protect human, animal or plant life or health;
(d) 통관의 시행, 제2조 제4항 및 제17조 하에 운영되는 독점의 시행, 특허권·상표권·저작권의 보호 그리고 기만적 관행의 방지와 관련된 법률 또는 규정을 포함하여 이 협정의 규정에 반하지 아니하는 법률 또는 규칙의 준수를 확보하기 위해 필요한 조치	(d) necessary to secure compliance with laws or regulations which are not inconsistent with the provisions of this Agreement, including those relating to customs enforcement, the enforcement of monopolies operated under paragraph 4 of Article II and Article XVII, the protection of patents, trade marks and copyrights, and the prevention of deceptive practices;
(g) 고갈될 수 있는 천연자원의 보존과 관련된 조치로서 국내 생산 또는 소비에 대한 제한과 결부되어 유효하게 되는 경우	(g) relating to the conservation of exhaustible natural resources if such measures are made effective in conjunction with restrictions on domestic production or consumption;

GATT 제20조의 일반적 예외에서 볼 수 있는 것처럼 공중도덕을 위해 필요한 경우 수입을 금지하는 것이 허용되고, 인간이나 동물, 식물의 생명과 건강을 보호하기 위해 오염된 식품이라고 판단된 경우도 수입을 제한할 수 있다. 마찬가지로 고갈될 수 있는 천연자원을 보존하기 위해 관련 수입 제한 조치도 가능하다.

1980년대 미국은 멕시코로부터 참치캔 수입을 금지하였는데 참치를 잡는 과정에서 돌고래까지 포획하게 되자 미국은 돌고래 보호를 위해 멕시코의 참치캔 수입을 금지했다. 이때 미국이 멕시코산 참치캔의 수입을 금지한 근거 조항 중 하나가 제20조의(b)항이다. 또한 최근 일본의 수입 규제 조치가 한국과 일본의 무역 분쟁으로 발전하여 WTO 분쟁해결기구에 제소하게 된다면 일본이 근거로 삼을 수 있는 조항이 제20조의 (d)항이 될 가능성이 있다.

GATT 조항의 예외로서 제20조 이외에도 관세동맹이나 자유무역협정 등 국가 간 협약을 통해 자유무역지대가 형성되는 경우에도 WTO 회원국으로서 따라야 하는 기본 규정들의 예외를 인정받을 수 있다. 즉, 자유무역협정은 WTO 회원국들에게 주는 것보다 더 낮은 관세율이 적용되는데 이 경우 WTO 조항 중 최혜국대우를 위반하는 것이 아니다. 또한 개발도상국의 경우에도 특별히 낮은 관세율을 적용한다. 우리나라가 농산물 수출입에 개발도상국으로서 예외적인 특별대우를 받는 경우가 최혜국대우의 규정을 위반하지 않는 것과 같다.

WTO에서 강하게 금지하고 있는 '수량 제한을 통한 수입 금지 조치' 또한 예외 규정이 있다. 공정한 무역의 결과이지만 급격히 수입이 증가하는 경우 수입국은 산업 피해를 입을 수 있다. 이런 경우 수입국은 일시적으로 수입을 금지할 수 있는데 이것은 세이프가드 조치로서 WTO에서 인정하는 예외이다. 또한 개발도상국은 경제 개발 수준이 낮고 유치 산업을 보호해야 할 필요가 있으므로 수량 제한의 방법으로 수입을 조절할 수 있다. GATT 제20조의 일반적 예외 조항 이외에 또 하나의 중요한 조항은 GATT '제21조 안보상의 예외'[58] 조항이다.

GATT 제21조 안전보장을 위한 예외	Article XXI Security Exceptions
이 협정의 어떠한 규정도 다음으로 해석되어서는 아니 된다.	Nothing in this Agreement shall be construed
(a) 체약국에 대하여, 발표하면, 자국의 안전보장 상 중대한 이익에 반한다고 인정하는 정보의 제공을 요구하는 것.	(a) to require any contracting party to furnish any information the disclosure of which it considers contrary to its essential security interests; or
(b) 체약국이 자국의 안전보장 상 중대한 이익을 보호하기 위하여 필요하다고 인정되는 다음의 어느 조치를 취하는 것을 방해하는 것.	(b) to prevent any contracting party from taking any action which it considers necessary for the protection of its essential security interests
(i) 핵분열성물질 또는 이로부터 유출된 물질에 관한 조치, (ii) 무기, 탄약 및 전쟁기재의 거래 및 군사시설에 공급하기 위하여 직접 또는 간접으로 행하여지는 기타의 물품 및 원료의 거래에 관한 조치,	(i) relating to fissionable materials or the materials from which they are derived; (ii) relating to the traffic in arms, ammunition and implements of war and to such traffic in other goods and materials as is carried on directly or indirectly for the purpose of supplying a military establishment;
(iii) 전시 또는 기타 국제관계에 있어서의 긴급 시에 취하는 조치,	(iii) taken in time of war or other emergency in international relations; or
(c) 체약국이 국제평화와 안전의 유지를 위하여 국제연합 헌장에 의한 의무에 따라 조치를 취하는 것을 방해하는 것.	(c) to prevent any contracting party from taking any action in pursuance of its obligations under the United Nations Charter for the maintenance of international peace and security.

GATT '제21조 안전보장상의 예외' 조항은 WTO 회원국들이 국가 안보와 관련된 경우 취하는 조치들에 대해 WTO의 예외로 인정한다. 안전 보장에 중요한 정보 제공을 요청하는 경우 거부할 수 있고, 전략 물자로 분류되는 물품

의 무역에 있어 제한 조치를 하는 것은 다른 WTO 협정과 조항의 제한을 받지 않는다. 즉 수입 금지 조치를 통해 수입을 제한하거나 금지하는 것이 인정된다. 이 조항은 최근 우리나라의 수출을 규제하기 위해 개정한 일본의 '수출강화조치'의 근거가 될 가능성이 높다. 애초 일본의 주장은 '안보상의 이유'와 함께 한국의 전략 물자 수출입 관리가 허술하다는 주장을 했는데, WTO에 한국이 일본을 제소하는 경우 대응하기 위한 전략이라고 판단된다.

앞에서 설명한 바와 같이, WTO는 GATT 조항과 WTO 협정을 통해 세계 무역 질서를 규율한다. 또한 분쟁을 해결하기 위한 기구가 설치되어 각국의 무역 분쟁을 해결하고 불공정한 무역행위에 대한 무역 보복 조치가 가능하다. 이것은 조약으로서의 GATT와 확연하게 다른 부분이다. GATT 조항에도 분쟁 해결 조항이 존재하지만 권유 사항이었다. 즉, 분쟁을 해결하고 그 후의 조치들을 법으로 강제할 수 없었다. 하지만 WTO 설립 이후 각 회원국들은 분쟁 해결 이후 보복 조치를 포함하여 피해를 보상하는 것과 분쟁해결기구의 판정을 반드시 따라야 하는 법적 강제성이 존재한다. 이것이 WTO가 강력하게 국제기구로서 세계 무역의 질서를 유지할 수 있는 핵심 요소라고 할 수 있다.

4.4.
WTO와
대한민국

한국은 WTO가 설립되는 1995년 가입했다. 이 당시 한국과 관련된 가장 중요한 이슈는 우루과이라운드의 '쌀시장 개방'에 대한 것이다. 1993년 당시 우루과이라운드가 사실상 타결되었고, 그 중 하나가 농산물의 시장 개방이었다. 그 당시 한국의 쌀시장이 개방될 것이라는 사실은 모두에게 충격이었다. 아주 저렴한 외국산 쌀을 수입해야 하는 한국 입장으로선 사회적 파장이 일 정도의 큰 이슈였다. 하지만 한국은 WTO 농업 협정의 부속서 5에 의해 쌀 수입에 대해서 개발도상국의 지위를 인정받았고 일정 기간 동안 '쌀의 관세화'를 미룰 수 있었다. '쌀의 관세화'란 말 그대로 관세를 부과하여 외국산 쌀을 수입 가능하도록 한국의 쌀시장을 개방하는 것을 말한다.

우루과이라운드에서 농산물 협정의 가장 기본이 되는 원칙이라면 '예외 없는 관세화Exceptionless Tariffication'라고 할 수 있다. 농산물이라도 시장 개방을 그 원칙으로 하며 어떠한 품목의 예외도 없다는 원칙이다. 즉, 관세를 부과하는 형태로 모든 품목의 수입이 자유로워야 하며 한 나라의 시장은 완전히 개방되어야 한다는 것을 의미한다. 하지만 각 국가마다의 산업 발전 정도가 다르기 때문에 시장 접근Market Access의 적용, 즉 시장의 개방은 개발도상국이나 최빈개도국의 경우 특별히 예외 조항을 두어 혜택을 받게 된다.

한국은 농산물 부문에서 개발도상국으로서 대우를 받았고 쌀 수입을 일정 기간 동안 유예 받을 수 있었다. 그 조건은 WTO 회원국으로서 의무적으로 수입해야 하는 외국산 쌀의 정해진 물량인 최소시장접근Minimum Market Access을 5%의 낮은 관세를 부과하여 수입하는 것이었다. 그 이후, 1994년, 2004년 협상을 통해 20년간 쌀의 관세화를 유예할 수 있었다.

쌀의 관세화가 2014년에 종료되었고 한국 정부는 쌀의 관세율을 WTO 농업협정(Agreement on Agriculture)에 의해 허용되는 수준의 최대치 531%의 관세를 부과하기로 결정했지만 추가적인 관세화의 유예는 최소 수입 물량을 유지하는 것이 어렵다는 판단 하에 2015년부터 쌀의 관세화 전환을 결정했다.[59] 따라서 2015년 1월 1일부터 우리나라는 MMA의 물량 40만 9,000톤은 5%의 관세를 적용하여 수입하고 그 이외의 쌀은 수입 가격의 513% 관세를 부과하여 쌀을 수입할 수 있도록 시장을 전면 개방하였다.[60]

WTO 가입과 함께 한국은 쌀시장 개방에 대한 충격과 많은 이슈들을 접했다. 하지만 쌀이라는 품목은 한국 고유의 문화적, 경제적 특수성으로 인하여 보호하려는 많은 노력이 있었지만, 보다 자유롭고 공정한 무역을 강조하는 WTO 회원국으로서 모든 국가들과의 협의와 WTO의 규정을 지킬 수밖에 없었다. 하지만 한국의 첨단 산업은 WTO의 테두리 안에서 충분히 다른 나라의 시장 개방을 통해 발전할 수 있었던 것도 사실이다.

Hyesan
Hamheung
Wonsan
Sinuiju
Pyeongyang
KOREA
Ulleung-Do
Gaeseong
SEOUL
Incheon
Daegu
Ulsan
Busan

5

WTO의
주요 협정

WTO의 모든 협정들은 GATT조항에 근거해 WTO가 설립되면서 보다 자세하게 규정하기 위해 각 협정들이 만들어졌다. 모든 협정이 중요하지만, 회원국들의 분쟁 해결에 가장 많이 근거로 제시되는 협정은 반덤핑 협정, 세이프가드 협정, 보조금과 상계관세 관련 협정, 위생 및 식물 위생에 대한 협정 그리고 분쟁해결기구에 관련된 협정이 그 핵심이라고 할 수 있다.

수출국이 자국에서의 기준보다 더 싼 가격으로 수출하는 경우 수입국의 피해가 발생하게 된다. 이러한 불공정 무역에 대해 규정하는 것이 반덤핑 협정이다. 또한 세이프가드 협정은 수입품이 급증하게 되면 국내 생산물품의 가격이 하락하고 해당 물품 생산자의 피해가 발생하게 되는데 이것과 관련된 무역 구제 조치에 대한 내용을 담고 있다. 또한 보조금과 상계관세 협정은 말 그대로 정부가 수출업체에 어떤 형태로든 보조금을 지급하게 되면 수출품의 생산비가 줄어들고 공정한 경쟁이 되지 않으므로 이것도 또한 불공정 무역으로 판단하고 있다. 정부가 지급한 보조금만큼 부과하는 관세, 즉 상계관세를 부과하는 것에 대하여 보조금과 상계관세 협정에서 규정하고 있다. 이 밖에도 원산지, 무역 관련 투자, 농업 관련 협정 등이 있다. 또한 WTO에서는 여러 협정을 통해 서비스 무역에 대해서도 규율하고 있다.

최근 우리나라와 일본의 후쿠시마산 수산물의 수입 금지 조치와 관련된 분쟁에서 기준이 되었던 SPS협정과 그 분쟁을 해결하기 위한 조치를 담고 있는 분쟁 해결 관련 협정도 WTO의 근간이 될 수 있는 가장 중요한 협정이라고 할 수 있다. 모든 협정이 중요하지만 최근 한국과 일본의 무역 관련 분쟁에 관하여 'SPS협정'과 '분쟁해결관련 협정'을 중심으로 살펴보고자 한다.

5.1.
분쟁해결 메커니즘

1995년 WTO의 설립과 함께 국제 무역 질서를 규율하는 데 가장 중요한 역할을 하는 분쟁해결기구에 관한 협정이 만들어졌다. '세계무역기구 설립을 위한 마라케쉬협정(Agreement Establishing the World Trade Organization)'의 '부속서 2, 분쟁해결 규칙 및 절차에 관한 양해(ANNEX 2, Understanding on Rules and Procedures Governing the Settlement of Disputes, 이하 DSB 협정)'[61]를 통해 WTO 설립 이후, 각 회원국들은 무역 분쟁의 해결에 더 많은 도움을 받게 되었다.

앞에서도 언급했지만, GATT 체제에서도 관련 조항에 따라 분쟁 해결은 시도되었지만 권유일 뿐 법적 구속력이 없었다는 점이 큰 단점이었다. 이것을 보완하기 위해서 WTO의 분쟁해결기구가 만들어지고 분쟁 해결에 강력한 법적 구속력을 갖게 되었다. 현재 WTO 체제에서는 회원국 사이에서 발생하는 무역 분쟁을 해결하기 위해서 GATT 제22조, 제23조와 더불어 WTO협정의 부속서 2의 해당 협정 조항을 근거로 절차를 진행하고 판단하게 된다.

2018년 기준으로 새로이 발생한 분쟁으로 인한 WTO 회원국의 협의 요청은 총 38건에 달한다. 이것은 2017년 한 해 동안 발생한 분쟁 17건에 비하면 두 배가 넘는 수치이다. 또한 2018년에 요청한 38건의 분쟁에 관한 협의 중에서 24건이 패널 설치를 요청했다. 분쟁 발생 건수는 많아졌지만, 양 당사국이 원만한 합의를 이루는 것은 점점 더 힘들어지는 경향을 보이고 있어 DSB의 역할은 더욱 중요해지고 있다.

2018년의 분쟁 발생 건수 38건 중 미국과 관련된 분쟁은 18건이고, 이 중에 미국이 제소한 것은 8건이고, 한국과 기타 회원국이 미국을 제소한 건수는 10건으로 나타났다.[62] 미국의 불공정한 무역으로 인하여 다른 회원국에게 제소당한 건수가 더욱 많다. 또한 1995년 WTO가 설립된 이후 미국의 DSB에 제소한 분쟁은 총 124건, 피소 건수는 154건으로 미국은 다른 회원국들보다 많은 분쟁을 DSB를 통해 해결하고 있다. 그러나 미국의 피소 건수가 제소 건수를 앞서는 것으로 볼 때 미국의 불공정 무역으로 인한 다른 회원국들의 피해와 불만이 높다는 것도 알 수 있다.

현재 미국 트럼프 정부는 WTO의 DSB에 대한 불만을 강하게 제기하고 있다. WTO의 규범이 불합리하다며 체제 자체를 부정하고 상소기구의 위원 선임을 승인하지 않고 있는 등, 자국의 이익만 고려하고 있다. 이러한 미국의 태도는 기존 WTO의 만장일치제 하에서 그 운영이 파행되는 결과를 가져올 수 있다. 미국뿐만 아니라 최근 한국과의 수산물 분쟁에서 상소기구의 판정으로 패소한 일본도 상소기구의 자의적인 판단을 비판하고 나서면서 WTO의 체제가 흔들릴 수 있는 위험에 직면한 것도 사실이다.

다른 국제기구와 달리 모든 회원국이 동등하게 각각 1표를 행사할 수 있는 합리적인 WTO 체제는 상대적으로 세계 시장을 지배하고 있는 몇몇 강대국의 자의적이고 강압적인 힘의 논리에서 자유로웠던 것이 사실이다.

미국 트럼프 행정부가 자국의 입장만을 고수하는 상황이 계속된다면 WTO의 합리적인 운영 체제로서 '규정에 근거한 체제Rule Based System'가 '힘에 근거한 체제Power Based System'로 바뀔 위험이 있다. 이것을 막기 위해서는 사무총장에게 최소한의 결정 권한을 준다거나, 일반이사회의 합리적인 결정으로 상소기구 위원의 선임이 가능하게 하는 등의 근본적인 문제를 해결하여 WTO의 운영을 합리적으로 개선할 방법이 강구되어야 한다.

5.2.
분쟁해결 협정

　'WTO DSB 협정'은 총 27개의 조항과 4개의 부록으로 구성된다. 분쟁 해결에 있어 어떤 분쟁들을 대상으로 하는지, 분쟁 해결의 절차는 어떻게 되는지, 해결을 위한 패널은 어떻게 구성하는지, 그 기간은 얼마나 걸리는지 등의 자세한 내용을 담고 있다.

　DSB 협정의 제2조(Article 2 Administration)는 분쟁 해결을 위해 분쟁해결 기구(Dispute Settlement Body, 이하 DSB)의 설치에 대해 설명하고 있다. 이 DSB에서 패널을 설치하고, 패널과 상소기구 보고서를 채택하고 그 결과에 따른 판정, 권고의 이행을 감독하며, 불공정 무역 행위로 피해를 준 회원국에게 행하는 보복 조치에 대해 양 분쟁 당사국의 협의 및 허가 등, 모든 분쟁 해결을 규율하는 것에 대한 DSB의 기능과 업무 등을 정하고 있다.

분쟁 당사국은 분쟁이 발생하게 되면 WTO에 협의를 요청하게 된다. 동 협정 제4조의 3항(Article 4 Consultations 3)에서 정하는 바와 같이 협의 요청이 있으면 해당 분쟁에 대해 협의를 요청받은 당사국은 10일 내에 답변하고, 요청이 접수된 날로부터 30일 이내에 상호 만족할 만한 해결책을 도출하기 위해 성실하게 협의에 응해야 한다. 해결책을 도출하지 못했을 경우 협의를 요청한 회원국은 본격적인 분쟁 해결 진행 절차로서 제소국의 자격으로 패널의 설치를 요구할 수 있다.

회원국이 합의에 도달하지 못하고, 일정 기간 내에 패널 설치를 요구하려면, 동 협정 제6조(Article 6 Establishment of Panels)에 의해 서면으로 요청해야 하고, 문제가 된 분쟁 상대국의 특정 조치를 구체적으로 명시해야 한다. 또한 문제를 제시하면서 충분히 제소의 법적 근거에 대한 요약문을 기재해야 한다. 제7조부터 제11조까지의 조항은 패널의 구성과 기능에 대해 규정하고 있다. 양 분쟁 당사자의 서면이 마감 시한을 준수할 것 등에 관해서는 제12조 패널 절차(Panel Procedures)에 의해 결정한다.

제14조 비공개성(Article 14 Confidentiality) 조항에 의해 패널의 심의 과정은 비공개로 진행된다. 이렇게 비공개로 진행된 패널의 심의가 모두 끝나게 되면 제16조 패널 보고서의 채택Article 16(Adoption of Panel Reports) 조항에 따라 회원국에게 배포하고 회람하고 60일 이내에 패널 보고서의 채택을 결정한다. 이렇게 1심으로서 패널이 판정을 내린 후에 일방 분쟁 당사국이 상

소를 결정하면 제17조 상소심의(Article 17 Appellate Review)에 의해 역시 비공개로 상소심이 진행된다.

회원국의 분쟁에 대해 패널과 상소기구에서 리포트가 채택되면 제19조 패널 및 상소기구의 권고(Article 19 Panel and Appellate Body Recommendation) 조항에 의해 판정 내용을 따르도록 권고한다. 표현으로는 권고라고 되어 있지만, 법적으로 구속력을 갖는다. 그것은 제21조 권고 및 판정의 이행에 대한 감독(Article 21 Surveillance of Implementation of Recommendations and Rulings)의 규정에 따라 분쟁 당사국이 패널과 상소기구의 리포트에 따른 권고 사항을 합리적인 기한 이내에 이행하는지 감독하고, 제22조 보상 및 양허의 정지(Article 22 Compensation and the Suspension of Concession)의 규정에 의해 패널과 상소기구의 판정 및 권고 사항을 패소국이 따르지 않는 경우, 승소국은 일종의 보복 조치에 대해 DSB와 승인을 요청할 수 있다.

동 조항에서는 그 승인에 대한 절차 또한 규정하고 있다. 이 외에 제24조 최빈개도국회원국에 대한 특별절차(Article 24 Special Procedures Involving Least-Developed Country Members)에서 최빈개도국이 관련된 분쟁에서 해당 나라의 특수한 사정을 특별히 고려하고 있다.

그림-4. WTO 분쟁해결절차도

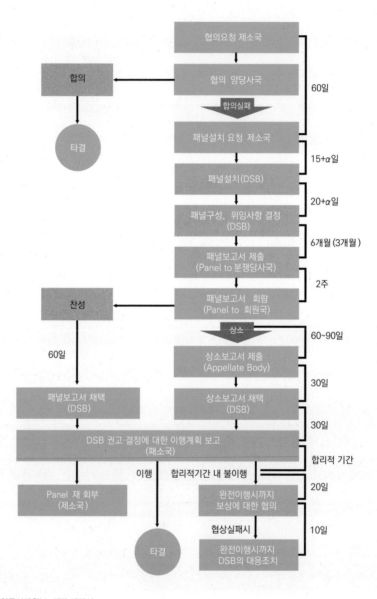

출처 : 산업통상자원부, 저자 재작성

분쟁 해결의 절차는 '그림-4. WTO 분쟁해결 절차'와 같다. 무역 분쟁이 발생하게 되면 우선 피해국은 WTO에 당사국 간 협의를 요청한다. 협의 요청서를 받은 상대국은 받은 날로 30일 이내에 협상을 개시해야 한다. 이것이 분쟁 해결 절차의 첫 시작이다.

양 당사국이 합의하게 되면 분쟁 절차는 바로 종결되고 피해를 구제하거나, 일방이 취했던 무역 관련 조치들을 취하하는 등의 두 나라의 합의대로 이행하면 된다. 하지만 합의에 실패하면 협의를 요청했던 당사국은 제소국의 자격으로 WTO의 DSB에 패널의 설치를 요청할 수 있는데, 분쟁 상대국이 협의 요청서를 수령한 후 10일 이내에 회신하지 않았을 경우, 상대 국가가 협의 요청서를 수령한 후 60일 이내 협의에 실패하면 패널 설치를 요청할 수 있다.

제소국의 요청에 따라 DSB는 패널 설치를 결정하고 패널 위원을 선정하게 된다. 패널을 구성하는 패널 위원은 총 3인으로 구성되는데 패널 설치일로부터 20일 이내에 선정한다. 이때 당사국이 각각 1인을 지명하고 나머지 1인에 대한 합의가 되지 않으면 WTO 사무총장이 지명하게 된다.

패널이 설치되고 난 이후, 각 당사국은 서면으로 의견서를 제출하게 되고, 패널은 검토를 위해 미팅을 갖는다. 또한, 패널의 심리는 비공개로 이루어지는데, 전문가의 검토가 필요한 경우 동 협정 제13조 2항, 부속서 4[63]에 의한 '전문가 검토 그룹'의 정보 및 기술적 자문을 요청할 수 있다. 이때 원칙적으로 '분쟁의 양 당사국 국민'은 전문적 과학 지식을 가진 다른 국가의 전문가를 찾을 수 없는 등의 특별한 사항이 있는 경우를 제외하고 전문가 그룹으로서 참여할 수 없다.

이렇게 구성된 패널의 검토는 6개월 내에 완료되어야 하는데, 최고 9개월을 넘길 수 없도록 규정되어 있다. 하지만 현실적으로 DSB의 운영상 여러 가지 문제로 인하여 규정된 시한을 지키지 못하고 있다.

패널은 그 동안의 심리의 결과를 담은 보고서로서 '잠정 리포트'의 작성을 완료한 이후, 분쟁 당사국 모두에게 제출한다. 2주의 기간 동안 양 당사국은 해당 잠정 리포트를 검토하고 별도의 의견이 있을 경우 추가적인 회의를 개최할 수 있다. 여기까지의 절차를 마치게 되면 정식 패널리포트Panel Report64를 채택하고 전 회원국들에게 회람할 수 있도록 한다. 정식 패널리포트는 법적 판결서의 성격으로 두 분쟁 당사국의 심리에서 결정된 내용, 즉 관련된 WTO 협정의 규정 위반 사항을 기록한다.

최종 패널리포트의 결과에 분쟁 당사국이 찬성하면 패널리포트로 채택이 된다. 그 결과에 따라 패소국이 상대국의 산업에 피해를 준 경우, 또는 불공정 무역 행위를 한 경우, 시정하기 위한 '이행 계획'을 보고한다. 이행 계획은 분쟁의 내용에 따라 수입 금지 조치를 풀거나, 관세를 철회하는 등의 조치가 될 수 있다. 패소국이 완전하게 이행하지 않으면 승소국은 피해 보상으로 보복 조치를 취할 수 있고 WTO 패널과 논의하여 합리적인 수준의 보복 조치Retaliation를 할 수 있도록 승인을 받게 된다.

1차 심리인 패널에서 양 당사국 모두 패널리포트의 결과에 찬성하지 않는 경우에는 상위 기관인 상소기구Appellate Body에 상소할 수 있다. 상소기구

는 상소한 날부터 60일에서 90일 이내에 보고서를 완료해야 한다. 상소기
관의 리포트가 완료된 이후의 과정은 패널리포트가 채택된 후의 절차와 동
일하다.

무역 분쟁은 두 이해 당사국의 이견이 첨예하게 대립하는데, 중재자로서
WTO의 DSB는 협정, 조항 등의 법률에 근거하고, 기존의 패널리포트를 판례
로 참고하여 합리적인 결정을 내린다. WTO에서는 패널리포트, 상소기구 리
포트를 채택하면 분쟁 당사국은 그 결정에 따라야 한다. GATT 체제에서 보
다 더 강력한 WTO의 기능은 바로 이 점에서 무역 질서를 규율하는데 법적
구속력을 갖는 등 강력하다는 점이다. 만약 따르지 않는 경우 WTO는 '보복
조치'로서 피해를 입은 회원국이 패소국이 해야 할 조치 등을 WTO DSB의
승인을 얻어 합법적으로 제제할 수 있다.

최근 일본의 수출 규제와 관련하여 우리나라와 일본의 무역 분쟁이
WTO 제소로 이어지게 되는 경우 가장 염려되는 부분은 해결 기간이 너무 길
다는 것이다. 실제로 최근 일본과의 분쟁 중 승소 판정을 받은 후쿠시마 수산
물 분쟁에서는 2015년 6월 1일 일본이 제소했고, 2019년 4월 11일에 상소기
구의 판정 보고서가 채택, 공개되었다.

동 협정에서 분쟁 해결에 소요되는 시간에 대해서도 분명하게 규정하고
있지만, 현재 DSB의 여러 가지 문제로 인해 분쟁 해결이 늦어지고 있는 것이
사실이다. 우리나라와 일본의 분쟁으로 후쿠시마 수산물 분쟁이 진행된 절차
와 그 경과 시간을 살펴보면, 일본의 협의 요청으로 분쟁이 시작된 2015년 6

월 1일부터 상소기구의 리포트가 채택되어 공개된 2019년 4월 11일까지 약 4년의 긴 시간이 필요했다. 1차 패널리포트가 나오기까지의 기간은 2018년 2월 22일이므로 1심 절차에 걸린 시간은 약 2년 10개월이다. 또한 한국 정부가 상소를 결정한 이후, 규정대로라면 상소기구의 판정 리포트는 적어도 90일 이내에 완료되는 것이 원칙이지만 후쿠시마 수산물 사건의 상소심은 약 1년이 걸렸다.

표-23. WTO 일본산 수산물 분쟁 절차 일지

2015.6.1.	일본, 한국 정부 WTO 제소 (양자협의 신청)
2015.6.24.~6.25.	WTO SPS규정에 따른 양자협의 실패, 종료
2015.8.21.	일본, WTO 패널 설치 요청
2015.9.28.	WTO SPS기구, 패널 설치 결정
2016.1.27.	일본, WTO 사무총장에 패널위원 선임요청
2016.2.8.	WTO SPS기구의 패널 구성 완료
2016.3.14.~2017.2.	패널의 분쟁 관련 조사와 심의 진행
2017.10.4.	WTO SPS기구, 패널보고서를 양 당사국에 통보
2018.2.22.	최종 패널보고서, WTO 회원국에 회람 - 일본의 승소
2018.4.12.	한국 정부 WTO에 상소 제기
2019.4.11.	WTO 상소기구의 판정보고서 채택, 회람. 공개.

WTO의 SPS 협정에 따라 패널과 상소기구 보고서가 도출되는 기한은 1심 패널 보고서 채택으로 분쟁이 종결되는 경우 약 12개월, 상소심의 판단을 받는 경우 총 15개월이 소요된다고 되어 있지만 미국이 DSB의 상소기구 위원들을 승인하지 않고, 일본도 또한 자국의 이익에 부합되지 않는다는 이유로 WTO의 분쟁 해결 체제 자체를 문제 삼고 있기 때문에 합리적인 운영이 어려운 상황이다.

우리나라가 일본의 후쿠시마 인근 8개 현의 수산물을 금지하는 조치로 발생했던 분쟁과 관련된 협정은 WTO 위생 및 식물위생에 관한 협정(Agreement on the Application of Sanitary and Phytosanitary Measures, SPS협정)이다. SPS협정은 제목에서 알 수 있는 바와 같이 국민의 건강을 위한 위생, 검역 조치와 관련된 내용을 규정한다.

WTO SPS협정은 'GATT 제20조 일반적 예외 조항'의 '(b)인간, 동물 또는 식물의 생명 또는 건강을 보호하기 위하여 필요한 조치[65]'를 더욱 명확하게 규정하고 있다. 즉, WTO 회원국으로서 자국 국민의 건강과 안전을 위해서 검역 조치를 취할 때 이 협정에 의해 투명하고 동등하게 지켜져야 한다는 내용을 담고 있다. 또한 이 협정의 부속서 2(Annex 2)에서 좀 더 세부적인 내용이 규정되어 있는데, 각 국가의 검역과 관련하여 해당 조치들을 회원국이 인지할 수 있도록 공표해야 한다. 또한 다른 회원국들이 관련 정보를 얻을 수 있는 문의처Enquiry Points가 있어야 할 것 등을 명시하고 있다.

이제까지 SPS협정에 근거한 무역 분쟁은 2019년 8월 기준으로 총 48건의 분쟁이 발생했다. 그 분쟁 중에서 SPS협정 중 제8조 위반이 총 25건으로 가장 많다. 제8조는 '방제, 검사 및 승인 절차'를 규정하고 있다. 물론 분쟁이 발생한 경우 동 협정의 하나의 조항만 위반했다고 제소하는 경우는 드물지만, 그만큼 제8조를 위반한 사례가 많다는 것은 각 회원국이 수입 시 시행하는 검역과 관련 절차에 대한 부분이 무역 장벽으로 작용할 수 있기 때문이다. 우리나라와 일본의 수산물 분쟁에 대해서 설명할 주요 조항을 제외한 SPS 협정의 내용을 살펴보면 다음과 같다.

제1조 일반규정	Article 1 General Provisions
1. 이 협정은 국제무역에 직접적 또는 간접적으로 영향을 미칠 수 있는 모든 위생 및 식물위생 조치에 적용된다. 동 조치는 이 협정의 규정에 따라 개발 및 적용된다.	1. This Agreement applies to all sanitary and phytosanitary measures which may, directly or indirectly, affect international trade. Such measures shall be developed and applied in accordance with the provisions of this Agreement.
제 2 조 기본적인 권리 및 의무	Article 2 Basic Rights and Obligations
2. 회원국은 위생 및 식물위생 조치가 인간, 동물 또는 식물의 생명 또는 건강을 보호하는데 필요한 범위 내에서만 적용되고, 과학적 원리에 근거하며 또한 충분한 과학적 증거 없이 유지되지 않도록 보장한다. 단, 제5조제7항에 규정된 사항은 제외된다.	2. Members shall ensure that any sanitary or phytosanitary measure is applied only to the extent necessary to protect human, animal or plant life or health, is based on scientific principles and is not maintained without sufficient scientific evidence, except as provided for in paragraph 7 of Article 5.

SPS협정 제1조는 각 국의 위생 및 식물위생 조치가 국제 무역에 직접 또는 간접적인 영향을 미치는 경우를 대상으로 하고 있다. 즉, 농수산물 등을 수입할 때, 회원국 정부의 검역 조치가 무역에 영향을 주는 경우, 직접적인 조치뿐만 아니라 간접적인 영향을 주는 경우에도 이 협정에서 규정하는 바를 따라야 한다.

동 협정의 제2조는 회원국의 조치가 과학적 원리에 근거해야하고, 충분한 과학적 증거sufficient scientific evidence에 근거할 것을 명시하고 있다. 사실, 이제까지의 이 협정과 관련된 많은 분쟁 중에서 자국의 조치가 충분히 과학적 증거를 제시할 수 없었기 때문에 패소한 경우가 대부분이었다.

동 협정과 관련된 분쟁 중에서 대표적인 사례는 'EC와 미국의 호르몬 투여 소고기'[66]의 분쟁이다. 미국과 EC의 분쟁으로 EC는 2006년 1월 26일 미국이 WTO에 양자 협의를 요청하면서 분쟁 해결 절차가 시작되었고, 결과적으로 패널과 상소기구는 미국의 손을 들어주었다. 미국이 승소하면서 EC가 수입 금지했던 성장호르몬을 투여한 소고기의 수입 금지 조치 해제를 요청했다. 하지만 EC는 여타 근거 자료를 들며 수입 금지 조치를 유지했고 미국은 EC에 대해 보복 조치로 소고기의 수입 금지로 입은 피해만큼의 관세를 EC 수출품에 부과하기로 결정했으며, WTO는 보복 조치를 허용했다. 그 후에도 분쟁이 계속되어 2009년에 최종적으로 종결되었다.

이 분쟁 사건에서 핵심은 성장호르몬을 투여한 소고기가 인체에 유해하다는 '과학적 증거 Scientific Evidence'가 확실한가의 여부였다. 여러 자료를 검토한 결과 성장호르몬이 인체에 유해하다는 과학적 증거가 부족하다는 것이 미국이 승소할 수 있는 이유였다. 여기서 분명한 것은 SPS협정을 근거로 하는 분쟁에서 환경과 건강이라는 관점보다 자유로운 무역의 관점이 우세했다는 점이다. 그 이후에도 WTO는 환경과 인간의 건강보다 무역의 측면에서 더 유리한 판정을 해왔다. 확실하고 충분한 '과학적 증거'가 식품의 유해성을 판단의 기준인데 호르몬뿐만 아니라 GMO 식품이 증가하는 상황에서 과학적 증거의 제시는 사실 복잡하고 힘든 부분이 있다. 그 유해성을 판단할 만큼 오랜 기간 동안 축적된 자료와 연구가 필요한 상황에서 짧은 시간에 이루어지는 연구 결과를 기준으로 판단하는 유해성이 정확한 자료로서 인정될 것인가에 대한 의문이 존재한다.

제 3 조 조화	Article 3 Harmonization
1. 위생 및 식물위생 조치를 가능한 한 광범위하게 조화시키기 위하여, 이 협정에 달리 규정된 경우, 특히 제3항에 규정된 경우를 제외하고, 회원국은 자국의 위생 또는 식물위생 조치를 국제기준, 지침 또는 권고가 있는 경우 이에 기초하도록 한다.	1. To harmonize sanitary and phytosanitary measures on as wide a basis as possible, Members shall base their sanitary or phytosanitary measures on international standards, guidelines or recommendations, where they exist, except as otherwise provided for in this Agreement, and in particular in paragraph 3.

동 협정 제3조에 의해 회원국은 위생 및 식물위생 조치들과 관련된 국내 규정들은 국제 권고 수준을 지켜야 한다. 하지만 제3조의 3항과 제5조에서 예외적으로 자국의 특수한 상황에 따라 보다 높은 수준의 보호를 유지할 수 있다. 제5조에서는 수입 시 검역의 기준이 되는 관련 기준들이 적절하게 평가되어야 하고 무역에 부정적인 영향을 최소화하여야 하며, 무역 제한적인 조치, 즉 무역 장벽으로서 조치가 취해질 수 있다고 명확하게 규정하고 있다.

사실 한국과 일본의 수산물 분쟁에서 한국의 승소가 놀라운 점은 이제까지 SPS협정의 위반을 근거로 했던 분쟁들은 대부분 무역 제한적인 조치로 인정받아 피소국이 패소한 경우가 대부분이라는 점이다. 이 분쟁에서 패널이 무역 제한적인 관점보다 인간과 동식물의 건강, 자국의 국민 안전을 중요하게 판단했기 때문에 이전 패널의 기준을 바꾸는 의미가 있는 판결이라고 할 수 있다.

제5조 위험평가 및 위생 및 식물위생 보호의 적정수준 결정	Article 5 Assessment of Risk and Determination of the Appropriate Level of Sanitary or Phytosanitary Protection
4. 위생 또는 식물위생 보호의 적정수준 결정 시, 회원국은 무역에 미치는 부정적 영향을 최소화 하는 목표를 고려하여야 한다.	4. Members should, when determining the appropriate level of sanitary or phytosanitary protection, take into account the objective of minimizing negative trade effects.
6. 제3조제2항을 저해함이 없이, 위생 또는 식물위생 보호 적정수준을 달성하기 위하여 위생 또는 식물위생 조치를 수립 또는 유지하는 때에는, 회원국은 기술적 및 경제적인 타당성을 고려하여, 동 조치가 위생 또는 식물위생 보호의 적정수준을 달성하는데 필요한 정도 이상의 무역제한적인 조치가 되지 않도록 보장한다.	6. Without prejudice to paragraph 2 of Article 3, when establishing or maintaining sanitary or phytosanitary measures to achieve the appropriate level of sanitary or phytosanitary protection, Members shall ensure that such measures are not more trade-restrictive than required to achieve their appropriate level of sanitary or phytosanitary protection, taking into account technical and economic feasibility

세계 각국은 이제까지 높은 세율의 관세를 부과하여 수입을 제한하고, 자국의 산업을 보호하는 무역 장벽의 수단으로 이용했다. 하지만 WTO협정으로 고율의 관세를 부과할 방법이 금지된 상황에서 많은 국가들은 관세 부과를 대신할 방법을 강구했다. 그러한 '비관세장벽'의 수단으로 '검역 강화'가 보호무역 수단으로 기능한 것은 사실이다. 따라서 보다 자유롭고 공정한 무역을 지향하는 WTO에서 검역을 무역 장벽의 수단으로 사용하는 것을 강하게 금지했고 그 동안의 관련 분쟁의 판결도 그러한 입장에서 내려진 것은 사실이다.

제 10 조 특별 및 차등 대우	Article 10 Special and Differential Treatment
1. 위생 또는 식물위생 조치의 준비 및 적용에 있어서, 회원국은 개발도상회원국, 특히 최빈개도국회원국의 특별한 필요를 고려한다.	1. In the preparation and application of sanitary or phytosanitary measures, Members shall take account of the special needs of developing country Members, and in particular of the least-developed country Members.
2. 위생 또는 식물위생 보호의 적정수준이 새로운 위생 또는 식물위생 조치의 단계적인 도입의 여지를 허용하는 경우, 개발도상회원국이 자기 나라의 수출관심품목에 대한 수출기회를 유지할 수 있도록 동 품목에 대하여 보다 장기간의 준수기간이 부여되어야 한다.	2. Where the appropriate level of sanitary or phytosanitary protection allows scope for the phased introduction of new sanitary or phytosanitary measures, longer time-frames for compliance should be accorded on products of interest to developing country Members so as to maintain opportunities for their exports.

WTO는 특별히 개발도상국과 최빈개도국에 대한 특혜를 고려하는데, 이 협정에서도 해당 국가들의 특수한 사정에 대해 특별히 대우할 것을 규정하고 있다. 검역과 관련된 기준치에 대해서도 개발도상국과 최빈개도국은 자국의 필요에 따라 수출을 장려하고 있는 품목의 수출 기회를 보장할 수 있도록 다른 회원국들이 협조할 것을 명시하고 있다.

SPS협정은 '부속서'에서 다른 회원국들에게 통지와 관련한 자국의 특수한 절차 등에 대해 자세히 설명할 것 등을 규정하고 있다. 동 협정과 관련된 분쟁에서도 이 부속서의 규정을 위반했는지 판단하는 것이 중요했다.

부속서는 총 3개로 구성되어 있는데 부속서1(Annex A)에서는 이 협정에서 사용되는 용어의 정의를 설명하고 있다. 부속서2(Annex B)는 '위생 및 식물위생 규정의 투명성(Transparency of Sanitary and Phytosanitary Regulations)'에 대해 설명하고 있다.

각 회원국들의 검역 절차와 기준이 다르기 때문에 이 협정과 관련된 무역 거래에서 공정하고 투명하게 관련 절차를 이행할 수 있도록 이 부속서에서 기준을 정하고 있다. 즉, 각 회원국의 관련 법률과 법령, 행정 조치 등을 다른 회원국들이 분명히 인지할 수 있도록 해야 한다. 또한 그러한 정보를 제공할 수 있는 문의처Enquiry Points를 두어야 하는데, 무역 상대국이 그 기관으로부터 위생 및 식물위생 규정과 관련된 모든 조치들, 예를 들면 방제, 검사 절차, 생산 및 검역 처리, 농약 허용치 그리고 식품첨가제의 승인 절차 등의 정보를 문의하고 제공받을 수 있어야 한다.

통보 절차Notification Procedure도 자세하게 규정하고 있는데, 만약 회원국이 국제 기준과 다른 조치를 취하게 되는 경우 다른 회원국들과 이해 당사국이 명확하게 인지할 수 있도록 빠른 시간 안에 통보할 것을 명시해 놓았다.

부속서3(Annex C)은 '통제, 검사 및 승인 절차Control, Inspection and Approval Procedure'에서 회원국이 '위생 및 식물위생 관련 조치'를 취하는 절차 등의 내용을 명시하고 있다. 각 회원국은 협정과 관련된 조치를 취하는 경우 '표준처리기간을 공표'해야 하고, 그 내용도 신속히 검토하여 '정확하고 완전하게 통보'해야 한다. 또한 수입 시 요구되는 기준은 합리적이어야 하고 국내 상품의 기준과 동일하게 적용되어야 한다고 규정하고 있다.

WTO SPS협정은 각 회원국이 가진 통관 주권, 검역의 자율성 그리고 자국 국민의 건강과 안전을 확보하고자 하는 관련 법규와 조치들을 WTO 동 협정의 기준에 맞게 적용하도록 요구한다. 하지만 국민의 생명과 안전이라는 측면에서 국민의 건강을 최우선으로 보호해야 하는 정부의 역할은 더욱 자유롭고 공정한 무역의 질서를 지켜야 하는 WTO 회원국으로서의 의무와 상충되고 더욱 제한되고 있다.

이제까지 SPS협정과 관련된 분쟁에서 WTO DSB의 판정이 보다 자유롭고 공정한 무역의 관점에서 내려졌지만 한국과 일본의 수산물 분쟁에서 마침내 국민의 건강과 안전이라는 측면에서 정부의 조치가 합당하다는 판단을 내렸다는 점에서 한국의 승소는 WTO 분쟁 해결 판정의 중요한 전환점이라 할 수 있다

Hyesan
Hamheung
Wonsan
Sinuiju
KOREA
Ulleung-Do
Pyeongyang
Gaeseong
SEOUL
Incheon
Daegu
Busan

6

후쿠시마 수산물 분쟁

후쿠시마 수산물 수입 금지에 대한 한국과 일본의 분쟁이 2015년 5월 21일 WTO의 분쟁해결기구에서 절차가 시작되었다. 이 분쟁은 'Korea – Import Bans, and Testing and Certification Requirements for Radionuclides'이라는 제목으로 패널리포트와 상소기구 리포트가 작성되었다. 분쟁의 이름에서 알 수 있는 것처럼 정확한 대상 품목이 나타나 있지 않다. 후쿠시마 인근의 8개 현의 수산물도 아니고, 일본산 수산물도 아닌, 그저 '한국의 수입 금지 그리고 테스트와 방사능에 대한 검사서 요구에 대한 분쟁'이다.

WTO 사이트에서 수많은 분쟁들은 특정하기 어려운 부분의 경우를 제외하고 각 분쟁의 대상이 되는 품목이나 조치들이 명확하게 기재되어 있다. 우리나라는 분명히 방사능 오염 가능성이 높은 일본의 수산물에 대한 수입 금지 조치를 시행했고, 그것에 대해 일본이 부당하다고 주장하면서 WTO에 제소했음에도 불구하고 분쟁의 타이틀에는 '일본산 수산물'이라는 대상 품목이 제외되어 있다. WTO의 분쟁 사이트에서도 'import bans on certain food products'[67]특정 식품에 대한 수입금지라고 되어 있다. 짐작하건데, 일본은 WTO DSB에 제소하는 순간에도 자국 수산물이 방사능 오염으로 인한 수입 금지 조치를 당했다는 것을 기록으로 남기는 것에 강한 부담감을 느꼈으리라 생각된다.

이 분쟁에서 일본은 한국의 수입 금지 조치가 부당하기 때문에 SPS협정에서 규정하고 있는 절차상의 문제를 포함하여, 한국이 동 협정을 위반했다고 주장하고 있다. 일본은 이 SPS협정과 관련된 한국과의 분쟁에서 패소하리라고 꿈에도 상상하지 못했다. 아니, 패소할 수 없는 분쟁이라고 판단하고 한국을 제소했다. 한국도 최선을 다해 대응했지만, 결국 패널은 한국의 조치가 WTO의 SPS협정 위반이라고 한국의 패소 판정을 내렸다. 하지만 상소기구의 판단은 달랐다. 결국 한국의 승소가 확정되었다.

이 분쟁 판정에서 일본이 확실하게 패소하게 되면서 많은 것들을 잃게 되었다. 일본과 한국의 이 분쟁에 대해 관련 조항과 실제 패널 및 상소기구의 판정 내용과 절차를 살펴보면 앞으로 우리나라가 WTO에 제소할 가능성이 높은 '수출 규제' 관련 분쟁의 결과도 미리 예상할 수 있다.

6.1.
후쿠시마 수산물 분쟁의 과정

2011년 3월 11일 일본의 도후쿠 지방 앞바다에서 일본 지진 관측 사상 최대 규모의 강도 9.0의 지진이 발생하여 20m가 넘는 쓰나미가 후쿠시마현을 강타했고, 후쿠시마 원자력발전소 1호기부터 4호기가 폭발하였다. 그 결과 방사능 유출 사고가 발생하자 한국은 일본의 불행한 사고에 구조대를 급파하고 성금을 보내는 등 국제 사회의 일원으로 최선을 다 했다. 동시에 일본의 수산물에 대한 규제 조치를 시행했다. 무역의 중요성보다 더 우선적으로 정부가 해야 하는 일은 국민을 보호하는 것이다. 국민의 건강을 위해 수입 물품의 검역을 강화하고, 건강을 해칠 위험이 있는 물품의 수입을 금지하는 것은 당연한 일이다.

일본이 우리나라의 당연한 조치를 WTO에 제소한 것은 국민을 보호하기 위한 타당한 조치가 불법적 행위라고 주장하는 것과 다를 바 없는 일이다. 후쿠시마 농수산물을 어떤 방법으로든 수출하고 판매해서 지역 경제를 되살리기 위한 노력이겠지만, 자국 국민들도 소비하지 않으려는 상품을 외국의 국민에게 판매하겠다는 일본의 의도는 도저히 이해할 수 없다.

우리나라는 그 당시 일본이 출하를 제한했던 후쿠시마 인근의 13개 현 농산물과 일반 식품 26개 품목, 수산물 50여 종에 대해 수입을 금지하고, 세슘이 검출되는 경우 추가 핵종검사서를 요구하는 조치를 실시했다.

2013년 8월, 도쿄전력의 후쿠시마 원전의 방사능 오염수가 유출되는 사고가 발생한 후, 이와 관련하여 한국은 후쿠시마 수산물과 관련된 임시 특별 조치를 발표했다. 임시 조치의 내용은 첫째, 국내외 식품의 세슘 기준을 기존의 370Bq/kg에서 100Bq/kg로 강화하고 둘째, 후쿠시마 인근 8개 현으로부터 수입되는 수산물을 전면 수입 금지하는 것으로서 기존 50개 품목에서 확대했다. 마지막으로 일본산 수입 식품에서 세슘이 '미량의 수준'으로 검출된다고 해도 17개의 추가 핵종검사증명서를 요구하는 것이다. 일본은 이러한 한국의 수산물 금지 관련 임시조치들이 WTO 관련 조항을 위반하였다고 주장하며 WTO의 DSB에 제소하겠다는 결정을 했다.

우리나라가 수입을 금지한 일본의 8개 현은 후쿠시마, 미야기, 이와테, 이바라키, 아오모리, 지바, 군마, 도치기 현이다. 또한 금지 어종은 전복, 명태, 멸치, 굴, 꽁치, 방어 등의 총 28개 품목[68]이다. 일본산 식품에서 세슘이 검출되는 경우 기타핵종증명서를 요구하는데 그 기준은 통관 단계에서 세슘이나 요오드가 0.5Bq/kg 이상_{소수점 첫 자리를 반올림하여 1Bq/kg이상} 검출되면 국제식품 규격위원회_{Codex Alimentarius Commission}의 기준에 따른 17개의 기타핵종 검사 증명서를 제출해야 한다.

표-24. WTO 일본산 수산물 분쟁 주요 경과

2011.3.14.	후쿠시마 원전 사고 이후, 한국 정부의 일본산 식품에 대한 임시조치 시행, (수입 시 방사능 검사와 일부 품목에 대한 수입금지조치)
2013.9.9.	2013.8.8. 도쿄전력의 원전 오염수 유출발표 이후 정부의 임시특별조치시행 •후쿠시마 주변 8개 현의 모든 수산물 수입금지 •일본산 식품에서 세슘이 미량 검출되는 경우 17개의 핵종 검사증명서 추가 요구 •국내외 식품에 대한 세슘 기준 강화 (370에서 100Bq/kg)
2015.6.1.	일본은 한국정부의 조치 중 다음에 대해 WTO협정 위반으로 WTO 제소 (SPS협정, 11개 조항의 위반 주장 - 2.2조, 2.3조, 4조, 5.1조, 5.5조, 5.6조, 5.7조, 5.8조, 7조(부속서 B의 1항, 3항), 8조(부속서C의 1.a, 1.c, 1.e, 1.g) •8개현의 28종 수산물에 대한 수입금지조치 •일본산 식품에 대한 세슘 미량 검출 시 추가적인 핵종검사증명서 요구
2015.6.24.~6.25.	WTO 분쟁해결규정에 따른 양자협의를 실시하였으나 협의도출에 실패, 종료
2015.8.21.	일본, WTO 패널 설치 요청 (SPS협정 총 7개 조항의 위반 주장 - 2.3조, 4조, 5.5조, 5.6조, 5.8조, 7조(부속서 B의 1항, 3항), 8조(부속서C의 1.a, 1.c, 1.e, 1.g)
2015.9.28.	WTO 분쟁해결기구, 패널 설치 결정
2016.1.27.	일본, WTO 사무총장에 패널위원 선임요청
2016.2.8.	WTO 분쟁해결기구의 패널 구성 완료

2016.3.14.~2017.2.	패널의 분쟁 관련 조사와 심의 진행 •2016.3.14. - 일본의 1차 서면입장서에서 한국의 SPS협정 위반가능성이 있는 조항을 4개로 한정하여 주장함. 2.3조, 5.6조 7조 8조.
2017.10.4.	WTO 분쟁해결기구, 패널보고서를 양 당사국에 통보
2018.2.22.	최종 패널보고서, WTO 회원국에 회람 - 일본의 승소
2018.4.12.	한국 정부 WTO에 상소 제기
2019.4.11.	WTO 상소기구의 판정보고서 채택 후 회원국에 회람. 공개. - 한국의 승소

출처 : 식품의약안전처, 일본산 식품 WTO 분쟁, 저자 재작성

　일본은 한국이 식품의 세슘 기준치를 강화하는 것을 제외한 일본의 수입품에 대한 두 가지의 검역 강화 조치가 WTO의 SPS협정의 조항을 위반한다고 주장하면서 2015년 6월 24일 WTO에 양국 간 협의를 신청했다. 우리나라와 일본은 서로의 입장 차이만 확인했고, 결국 협의가 결렬되자 일본은 WTO에 패널 설치를 요청하면서 분쟁 절차가 본격적으로 진행되었다.

　2016년 2월 8일 WTO 분쟁해결기구는 한국과 일본의 수산물 관련 분쟁을 위해 패널의 구성을 완료하였다. 우루과이의 윌리엄 엘러스William Ehlers 의장을 포함한 튀니지와 싱가포르 출신의 패널 3인[69]이 한국과 일본의 해당 분쟁의 패널로서 모든 심리를 진행했다.

　이 분쟁은 WTO의 협정 중 '위생과 식물위생에 관한 협정'의 위반 사항을 면밀하게 검토했다. 이 협정은 말 그대로 무역에 있어서 위생에 관련된 내용을 규율한다. 인간, 동물 또는 식물의 생명 건강을 보호하기 위해 조치를 취하는 경우 동일한 조건 하에서 취해질 것과 국가 간에 자의적이거나 부당한

차별을 금지하고 국제 무역에서 위장된 제한, 즉 수입 금지 조치 또는 검역의 강화 조치가 무역장벽으로 사용되는 것을 금지하는 내용의 협정이다.

2015년 5월 21일 일본이 WTO에 제소하면서 제출한 서면에는 한국의 관련 조치가 WTO SPS협정의 11개 조항에 위반된다고 주장하였으나, 패널 설치를 요청하면서 제출한 서면에서는 총 7개의 조항이 위반된다고 주장했다. 그 조항은 SPS협정의 2.3조, 4조, 5.5조, 7조 그리고 8조의 부속서 조항들이다. 그 후, 2016년 3월 14일에 제출한 일본의 서면 입장서에서는 당초 패널 설치 요청서에서 주장한 7개의 조항에서 4개의 조항으로 축소되었다.

6.2.
WTO DSB의 판정 – SPS협정의 주요 조항

제2조 3항[70]

일본이 주장하는 한국의 SPS협정 중 위반 조항은 우선 '제2조의 기본적인 권리 및 의무'이다. 2.2조에서는 과학적 원리scientific principles에 근거한 조치만 유효하며, 충분한 과학적 증거scientific evidence가 제시될 것을 규정하고 있다.

제 2 조 기본적인 권리 및 의무	Article 2 Basic Rights and Obligations provisions of this Agreement.
2. 회원국은 위생 및 식물위생 조치가 인간, 동물 또는 식물의 생명 또는 건강을 보호하는데 필요한 범위 내에서만 적용되고, 과학적 원리에 근거하며 또한 충분한 과학적 증거 없이 유지되지 않도록 보장한다. 단, 제5조제7항에 규정된 사항은 제외된다.	2. Members shall ensure that any sanitary or phytosanitary measure is applied only to the extent necessary to protect human, animal or plant life or health, is based on scientific principles and is not maintained without sufficient scientific evidence, except as provided for in paragraph 7 of Article 5.
3. 회원국은 자기나라 영토와 다른 회원국 영토 간에 차별 적용하지 않는 것을 포함하여 자기나라의 위생 및 식물위생 조치가 동일하거나 유사한 조건하에 있는 회원국들을 자의적이고 부당하게 차별하지 아니하도록 보장한다. 위생 및 식물위생 조치는 국제무역에 대한 위장된 제한을 구성하는 방법으로 적용되지 아니한다.	3. Members shall ensure that their sanitary and phytosanitary measures do not arbitrarily or unjustifiably discriminate between Members where identical or similar conditions prevail, including between their own territory and that of other Members. Sanitary and phytosanitary measures shall not be applied in a manner which would constitute a disguised restriction on international trade.

2.3조에서는 수입이 되는 지역, 회원국과 동일하거나 유사한 조건identical or similar conditions 하에 있는 회원국들을 자의적으로, 부당하게 차별하는 것을 금지한다. 즉, 무역을 제한하는 방법으로 사용하는 것을 금하고 있다. 이 조항과 관련해서 패널 심리 과정에서 쟁점이 된 부분은 2.3조의 비차별적 조치이다.

패널은 한국이 2.3조의 '유사한 조건similar conditions'의 내용을 위반했다고 판단했다. 패널은 한국의 후쿠시마 인근의 8개 현에서 생산되는 수산물의 수입 금지는 다른 일본 지역으로부터 수입되는 수산물과 비교할 때 차별적 조치라고 보았다. 그 근거로는 일본에서 수입되는 방사능 허용치는 다른 일본산과 비교해서 동일하거나 그 이하일 가능성이 높기 때문이라고 판단했다. 따라서 일본 이외의 다른 회원국으로부터 수입되는 수산물의 방사능 오염 수치와 비교해도 특별히 후쿠시마 인근의 8개 현의 수산물을 수입 금지하는 것은 차별적 조치라고 결정했다.

패널은 수입 금지 수산물의 생산 지역에 대한 고려는 이 분쟁과 관련하여 그 대상이 되지 않는다고 보았다. 왜냐하면 수입이 금지되는 품목의 생산 지역을 고려하는 경우는 전염병이나 질병의 확산을 막기 위한 조치인 경우에만 해당한다고 판단했다. 즉, 식품이 얼마나 안전하지 않은가에 대한 판단은 그 식품이 방사능에 오염되었을 가능성, 한국이 정한 기준에 합당한지 아닌지를 판단하는 것이 중요하고 후쿠시마 산 수산물이라는 생산 지역은 다른 일본의 지역과 다른 국가와 동일하다고 본 것이다.

2심 재판부인 상소기관Appellate Body의 판단은 패널의 의견을 정면으로 반박했다. 즉, 패널리포트에서는 2.3조의 '유사한 조건similar conditions'의 모든 사항을 고려하지 않았다고 보았다. 수입 금지된 후쿠시마 인근의 8개 현의 수산물에 남아 있는 방사능 오염 수치만 고려했을 뿐 잠재적으로 피해를 줄 수 있는 '환경적 고려'를 하지 않았다는 것이다. 즉, 수입 금지 대상이 되는 물품뿐만 아니라 그 생산지의 환경오염이 식품에 영향을 줄 수 있다는 것을 고려해야 하며, 후쿠시마 지역의 특수성을 고려 대상에서 배제한 패널의 판정이 잘못되었다고 판단하고 패널리포트의 해당 내용을 기각했다.

제5조 6항, 7항

제5조는 수입품의 위험을 평가하는 데 있어서 적정 수준일 것을 요구하는 조항이다. 또한 수입 제한 시, 적절한 보호 수준의 기준을 사용해야 하며, 더 높은 수준의 무역 제한적인 조치more trade-restrictive than required를 금지하고 있다. 우리나라는 수입 금지 품목인 수산물에 대해 세슘이나 요오드가 미량이라도 검출되면 기타 핵종검사서를 요구하고 있다. 이 점에서 일본은 무역 제한적인 조치로서 제5조의 6항을 위반했다고 주장했다.

패널은 일본의 주장을 인정하면서 세슘검사만으로도 적정보호수준ALOP, Appropriate Level of Protection의 기준에 합당함에도 불구하고 한국은 더 많은 검사서를 요구한 것은 '필요한 정도 이상의 무역제한조치'를 취했다고 판단했다. 패널은 또한 우리나라의 ALOP의 기준(연간 방사능 노출의 제한량인 1mSv)이 다른 국제기구들의 기준을 따르고 있어서 합리적이라고 판단하면서도 일본이 주장하는 다른 대안 조치(세슘검사)가 있다면 그것을 따르는 것만으로도 충분하다고 판정했다.

상소기구는 이러한 패널의 판정을 기각했다. 한국이 ALOP의 수준을 지키기 위해 합리적인 기준을 제시했고, 일본이 제안한 대안 조치가 한국의 기준을 충족시킬 수 있는지에 대해서는 패널이 명확하게 판단하지 못했다고 결정하여 이 조항과 관련된 패널의 판단 역시 기각했다.

제5조	Article 5
위험평가 및 위생 및 식물위생 보호의 적정수준 결정	Assessment of Risk and Determination of the Appropriate Level of Sanitary or Phytosanitary Protection
6. 제3조제2항을 저해함이 없이, 위생 또는 식물위생 보호 적정수준을 달성하기 위하여 위생 또는 식물위생 조치를 수립 또는 유지하는 때에는, 회원국은 기술적 및 경제적인 타당성을 고려하여, 동 조치가 위생 또는 식물위생 보호의 적정수준을 달성하는데 필요한 정도 이상의 무역제한적인 조치가 되지 않도록 보장한다. (Re.3)	6. Without prejudice to paragraph 2 of Article 3, when establishing or maintaining sanitary or phytosanitary measures to achieve the appropriate level of sanitary or phytosanitary protection, Members shall ensure that such measures are not more trade-restrictive than required to achieve their appropriate level of sanitary or phytosanitary protection, taking into account technical and economic feasibility.
7. 관련 과학적 증거가 불충분한 경우, 회원국은 관련 국제기구로부터의 정보 및 다른 회원국이 적용하는 위생 또는 식물위생 조치에 관한 정보를 포함, 입수가능한 적절한 정보에 근거하여 잠정적으로 위생 또는 식물위생 조치를 채택할 수 있다. 이러한 상황에서, 회원국은 더욱 객관적인 위험평가를 위하여 필요한 추가정보를 수집하도록 노력하며, 이에 따라 합리적인 기간 내에 위생 또는 식물 위생 조치를 재검토한다.	7. In cases where relevant scientific evidence is insufficient, a Member may provisionally adopt sanitary or phytosanitary measures on the basis of available pertinent information, including that from the relevant international organizations as well as from sanitary or phytosanitary measures applied by other Members. In such circumstances, Members shall seek to obtain the additional information necessary for a more objective assessment of risk and review the sanitary or phytosanitary measure accordingly within a reasonable period of time.

일본은 한국이 요구하는 17개의 핵종검사서를 제시하는 것이 과도한 부분이라고 주장했는데, 수입이 금지되지 않은 다른 품목도 일단 미량이라도 방사능이 검출되면 이 핵종검사서를 발행하고, 제시해야 하는 것이 추가적인 비용과 시간을 더 많이 소모하게 하므로 일본의 입장에서 반드시 철회시켜야

할 조치였다. 이것에 관련된 조항은 바로 5.7조이다.

패널은 예외적으로 5.7조를 한국이 위반했는지에 대해 아주 상세하게 검토했다. 사실, 이 조항은 양자 협의가 결렬된 이후 일본이 패널 설치를 요청하는 서면에서 한국의 SPS협정 중 위반 가능성이 있다고 판단했던 조항에 포함되지 않았다. 그럼에도 불구하고 패널은 한국이 해당 조항을 위반했다고 판단하면서 아주 자세하게 위반 사항에 대해 조사했고 패널리포트에 적용했다.

WTO 분쟁해결기구는 제소국이 서면으로 제시한, 위반이 예상된다고 판단되는 조항에 대해서 집중적으로 검토하지만 이례적으로 이 분쟁의 경우, 패널은 한국이 위반한 다른 조항들을 검토하는 데 연관되어 있기 때문에 집중적으로 심리를 진행했다고 주장했다.

5.7조에 의하면 한국이 임시 특별 조치를 취하기 위해서는 첫째, 과학적 증거scientific evidence가 불충분한 경우에 잠정적인 조치를 즉시 시행할 수 있고, 둘째, 불충분한 과학적 증거는 입수 가능한 정보를 최대한 활용해서 임시 특별 조치의 근거를 충분히 확보해야 한다는 것이다. 입수 가능한 정보라 함은 '다른 회원국이나 국제기구의 관련 기준'을 말한다. 마지막으로 잠정 조치로서의 수입 금지는 합리적인 기간 내에 재검토review해야 한다고 규정하고 있다.

첫 번째 조건과 관련하여, 패널은 한국이 임시 특별 조치를 시행했을 경우 과학적으로 피해 사실에 대해 조사하고 검증할 수 있는 능력이 있다고 판단했다. 그렇다면 수입 품목에 대해 검역의 과정을 거치는 것만으로도 충분한데 수입 금지 조치까지 했다면 동 조항의 위반이라고 판단했다. 둘째, 세슘, 스트론튬 및 기타 방사능 기준이 되는 수치들이 관련 국제기구인 Codex의 수치를 제시하는 것만으로는 동 조항의 조건을 충족하지 못한다고 판단했다. 패널은 또한 한국이 추가 핵종검사서를 요청하는 기준으로, 일본 수입 수산물에서 세슘이 0.5Bq/kg이 검출되는 것을 기준으로 했는데 이것이 어디에 근거한 것인지, 입증하지 못했다고 보았다. 마지막으로 한국은 임시 특별 조치를 취한 후, 과학적인 근거를 입증하는 것과 동시에 재검토를 실시해야 했지만, 민간 전문가들의 활동 이외에 정부에서 결정한 재검토는 없다고 판단했다.

결과적으로, 5.7조에 의하면 한국의 잠정 조치로서의 임시 특별 조치는 일본산 수입 수산물의 일반적인 검역으로도 충분히 피해를 최소화할 과학적 기술적 능력이 있었음에도 불구하고 WTO에서 가장 엄하게 금지하고 있는 수입 금지 조치를 취했으므로 SPS협정의 동 조항을 위반했다고 판단했다.

5.7조에 대한 패널리포트는 상소기구에서 극적으로 완벽하게 기각되었다. 우선, 패널이 5.7조에 대한 한국의 위반 사항을 판단하는 것이 적법한지에 대해 검토했는데, 상소기구의 판단은 패널이 분쟁 당사국에 부여된 위임 사항을 벗어나 판단한 것이므로 5.7조와 관련된 패널의 판정은 '고려의 대상이 되지 않으며 법적 효력이 없다moot and of no legal effect'고 판정하였다. [71]

제 7 조 투명성	Article 7 Transparency
회원국은 부속서 2의 규정에 따라 자국의 위생 또는 식물위생 조치의 변경을 통보하고 자기나라의 위생 또는 식물위생 조치에 관한 정보를 제공한다.	Members shall notify changes in their sanitary or phytosanitary measures and shall provide information on their sanitary or phytosanitary measures in accordance with the provisions of Annex B.
제 8 조 방제, 검사 및 승인 절차	Article 8 Control, Inspection and Approval Procedures
회원국은 식품, 음료 또는 사료의 첨가제 사용 승인 또는 오염물질 허용치 설정에 관한 국내제도를 포함한 방제, 검사 및 승인절차의 운영에 있어서 부속서 3의 규정을 준수하며 또한 자국의 절차가 이 협정의 규정에 불일치하지 아니하도록 보장한다.	Members shall observe the provisions of Annex C in the operation of control, inspection and approval procedures, including national systems for approving the use of additives or for establishing tolerances for contaminants in foods, beverages or feedstuffs, and otherwise ensure that their procedures are not inconsistent with the provisions of this Agreement.

WTO SPS협정의 제7조는 투명성에 대한 부분인데, 이는 한국의 수입 금지 조치와 추가적인 핵종검사서의 요구가 일본이 확실하게 인지할 수 있도록 공표했는가에 대해 판단했다.

패널은 한국이 추가 핵종검사서에서 요구하는 세슘의 기준치, 구체적인 검사 대상 등 충분히 내용을 담지 않았다고 판정하여 동 조항의 관련 부속서 조항을 위반했다고 인정했고, 상소기구도 공표 의무에 대해서는 패널과 동일하게 한국의 위반 사항이 있었다고 판단했다. 또 한 가지, 한국이 일본의 해당 수산물에 대한 수입 금지 조치를 발표했을 때, 보도 자료를 배포하였지만 해당 수산물의 정확한 HS코드가 제시되지 않았고, 배포 자료에 의해 공고하는 것보다 더 자세한 내용에 대해 일본이 접근할 수 있는 문의처가 부정확하다고 주장하였다.

　패널은 일본의 주장이 합당하다고 판정했지만 상소기구는 한국의 정부기관에서 일본의 질의에 대해 완벽하지 않지만 답변과 문서를 제공하였다는 점에서 제7조의 부속서의 관련 조항을 위반하지 않았다고 보았다. 일본은 한국이 관련 조치의 검사 절차가 제8조를 위반했다는 점에 대해 패널은 한국의 위반 사항이 없다고 판정하였고, 상소기구도 패널의 판정이 적법하다고 판단했다.

　이로써 2018년 4월 12일 한국이 상소기구에 상소를 결정한 이후, 2019년 4월 11일 상소기구의 판정이 내려지기까지 상소기구의 결정에 따라 최종적으로 한국이 취한 일본 후쿠시마 인근 수산물의 수입 금지와 기타 조치는 WTO SPS협정의 위반이 아니라고 최종적으로 판정했다. 이에 따라 한국은 현재까지 일본의 수산물에 대한 수입 금지와 기타 조치를 계속적으로 시행할 수 있게 되었다.

6.3.
후쿠시마 수산물 분쟁
판정의 의미

WTO의 SPS협정과 관련된 분쟁은 총 48건이 있었다. 그 중에서 피소국이 승소한 첫 사례가 바로 '후쿠시마 수산물 수입금지에 관한 한국과 일본의 분쟁'이다. 이 사건의 의미는 이제까지 WTO가 SPS협정과 관련하여 판정한 관련 분쟁 중에서 보다 자유로운 무역이라는 관점보다 환경이나 건강 측면에서 고려했다는 점이다.

그 동안의 WTO SPS협정과 관련된 분쟁은 피소국의 조치가 자국의 국민의 안전과 건강에 합당한 조치라고 여겨지는 경우에도 과학적 근거, 조치의 투명성 등의 기준으로 볼 때 피소국이 승소할 가능성이 높지 않았다. 또한 공정하고 자유로운 무역을 지향하는 WTO 입장에서 환경과 건강의 문제는 뒷전이었다. 한국과 일본의 분쟁에서도 패널은 예상했던 바대로 기존의 WTO 입장을 고수했다. 하지만 상소기구는 WTO 분쟁 해결에서 합리적인, 새로운 입장에서의 판단을 보여주었고, 앞으로도 무역에 우선하여 환경 보호와 인간의 건강이 더 중요하다는 기준에서 판정이 내려질 가능성이 높다고 생각된다.

WTO의 이번 판정은 또 하나의 중요한 의미를 가진다. 현재 아베의 일본이 처한 상황을 더욱 악화시키는 결정적인 역할을 했다고 볼 수 있다. 후쿠시마와 관련된 여러 문제는 일본 정부가 우선적으로 해결해야 하는 가장 중요하고 힘든 부분이다. 원전 사고가 발생한 이후 그 인근 지역의 생산물은 방사능 오염 문제가 심각함에도 불구하고 일본은 농수산물의 자국 내 판매와 유통뿐만 아니라 소비를 적극 권장하고 있다. 뿐만 아니라 해외 수출을 강하게 추진하고 있다. 또한 2020년 도쿄올림픽을 개최하는 일본은 공공연하게 후쿠시마가 안전하다고 주장하며, 그 지역과 일본의 경제를 되살리는 부흥 올림픽이 될 것이라고 주장한다. 올림픽이라는 이벤트를 통해서 일본은 후쿠시마의 문제를 가리고 덮을 의도가 분명하다.

일본의 수산물에 대해 수입 금지 조치를 취하고 있는 국가들은 2018년 기준으로 총 24개국이다. 2018년 3월 경, 약 110kg의 후쿠시마 산 넙치류 생선이 태국 방콕으로 출하되었다. 이것은 후쿠시마 원전 사고 이후에 첫 해외 수출이다. 태국 식약청은 방사능 오염 식품에 대해 규정을 준수한다고 주장했지만, 소비자단체들의 저항이 거세다.

필리핀 두테르테 대통령이 지난 5월 경 일본을 방문했을 때 일본 수산물 수입 금지 조치를 해제하기로 합의했다고 알려졌고, 결국 2019년 7월 18일 필리핀은 후쿠시마 산 수산물의 수입 제제를 해지했다. 하지만 홍콩, 대만, 중국과 마카오 등의 국가들은 현재까지도 후쿠시마 수산물의 수입을 엄격히 금지하고 있다. 이런 상황에서 후쿠시마와 가장 인접해 있는 국가인 한국을 대상으로 일본이 WTO에 제소한 것은 확실한 일본의 의도를 보여준다.

일본은 그 동안의 WTO SPS협정 관련 분쟁에서 제소국이 승소할 가능성이 높고, 일본이 이 분쟁에서 승소하게 되는 경우 일본이 얻을 이익이 그만큼 크다고 판단했을 가능성이 높다. 만약 제소국으로서 일본이 WTO 분쟁 해결 절차를 통해 해결했다면, 한국의 수산물 금지 조치를 해제하는 판정이 내려지게 될 것이고, 그 이후에 후쿠시마 산 수산물을 한국으로 수출할 길이 열리는 것뿐만 아니라 수입 금지 조치를 시행하는 국가들에게 압력을 행사할 근거가 되기 때문이다.

일본의 예상대로 1심인 패널은 한국이 지나친 보호무역 조치로 일본의 수산물을 금지했기 때문에 관련 WTO 규정을 위반했다고 판단했다. 하지만 상소기구의 올바른 판단으로 한국 정부는 국민의 건강과 안전이라는 아주 중요한 목적을 달성할 수 있었다. 이것은 여전히 일본의 수산물 수입을 금지하는 국가들에게도 중요한 기준이 되고 있다.

이 분쟁이 갖는 또 하나의 의미는 일본이 현재 가야 할 길목을 아주 단단하게 막은 것이라 할 수 있다. 현재 일본의 가장 시급한 해결 과제는 후쿠시마 지역의 활성화이다. 대대적으로 '후쿠시마 부흥'이라는 슬로건을 내걸고 그 지역을 되살리려는 여러 가지 정책을 시행 중이다. '후쿠시마 부흥 스테이션'이라는 사이트를 만들고 여러 가지 정보를 제공하고 있다. 그곳의 특산물을 안내하고, 식품이 안전하다는 기준과 근거를 제시하고 있으며 방사선 상황 등 모든 것을 일본 정부가 안전하게 관리하고 있다는 등의 내용을 게시하고 있다.

언론에서는 후쿠시마 원전 폐로, 배상 등의 비용을 200조 원 이상으로 산정하고 있고, 총 복구비용으로 700조 원에서 800조 원 이상의 비용이 들 것으로 예상하고 있다. 원전의 사고 수습에 들어가는 비용뿐만 아니라 인근에 거주하던 주민들의 지원까지 예상하면 기하급수적으로 그 비용이 늘어날 것은 분명하다.

일본의 아베 정부가 후쿠시마 부흥의 일환으로 2020년 도쿄올림픽을 유치한 것은 공공연한 일이다. 현재 일본 정부의 재정이 취약하다는 사실로 볼 때 후쿠시마의 부흥이라는 모토 아래에서 정부 재정의 투입 없이도 후쿠시마 지역의 수산물과 농산물이 해외로 수출되고 자국에서도 소비하게 되면 해당 지역의 사람들이 자력으로 일어설 수 있는 기회가 될 것이라고 판단했을 것이다.

일본의 지역 경제 발전과 관련하여, 특히 후쿠시마의 부흥은 아베노믹스에서도 중요한 부분이다. 한국이 수산물 수입 금지를 해제한다면 일본은 재정 적자 부담을 적게 지면서 후쿠시마의 자력 회복에 훨씬 효과적인 해결 방안이었겠지만 한국 때문에 실패했다. 이미 재정 적자에 허덕이는 일본 경제가 후쿠시마의 재건과 지역 경제의 부흥에 들어가는 비용으로 더욱 어려운 상황이 된다면, 아베의 총리 타이틀은 임기가 끝나기 전에 내려놓아야 할 수도 있다. 앞에서 언급했던 아베의 발목을 잡는 두 가지, 한국의 대법원 판결과 일본의 경기 침체와 더불어 장기적인 측면에서 후쿠시마 수산물 수입 금지 분쟁의 패소가 결정적으로 아베의 집권에 영향을 미칠 것이라 예상할 수 있다.

Hyesan
Hamheung
Wonsan
Sinuiju
KOREA
Ullueng-Do
Pyeongyang
Gaeseong
SEOUL
Incheon
Daegu
Ulsan
Busan

7

일본의
수출규제
WTO 분쟁해결 시나리오

일본 정부는 2019년 7월 1일 한국으로의 수출에 대해 수출 규제 강화를 발표했다. 이에 따라 2019년 7월 4일부터 핵심 부품 소재 중 플루오린 폴리이미드, 포토레지스트, 에칭가스 등의 3가지 품목에 대한 수출 허가 규제에 준하는 수준으로 절차가 복잡해졌다. 또한 8월 2일, 일본이 한국을 화이트리스트에서 제외하기로 발표했고, 최종적으로 8월 7일 '수출무역관리령'을 개정 공포함으로써 한국은 그동안 수출 우대를 받았던 화이트리스트에서 제외되었다. 이러한 일본의 '수출강화조치'의 결과로 한국의 반도체 및 디스플레이 시장의 피해가 예견되는 만큼 한국 정부로서는 조속한 시일 내에 일본의 해당 조치에 대해 WTO의 DSB에 제소를 고려 중이다.

일본은 '수출강화조치'의 근거가 안보상 이유라고 분명하게 주장했다. 한국이 전략 물자에 대한 관리 체계가 허술하기 때문에 한국으로 수출하는 관련 품목들에 대해 수출 승인의 절차를 강화하는 것이 그들의 국가 안보에 도움이 된다고 주장한다. 하지만 그러한 일본의 주장이 설득력을 갖기 위해서는 명확한 근거를 제시해야 한다. 즉, 한국의 수출 품목 중 전략 물자로 분류되는 물품들의 수출이 북한으로 반출되었다는 그들의 주장을 뒷받침할 명백한 증거가 분명히 있어야 한다. 하지만 일본은 아직까지 그 증거 자료를 제시하지 못하고 있다. 오히려 과거 일본의 몇몇 기업이 우회 수출을 통해 북한으로 수출한 사실이 있다.

일본의 '수출강화조치'는 사실상 수출 규제 조치로서 한국의 첨단 산업인 반도체, 디스플레이 관련 산업의 피해를 야기할 수 있다는 점에서 분명히 한국 정부는 정당하고 확실한 방법으로 대응해야 한다. 그 하나는 WTO DSB에 제소하는 것이다. 물론 상당한 시간과 복잡한 법적 절차 과정이 필요하겠으나 일본의 수출 규제가 장기화될 조짐이 보이고, 더 중요한 것은 이러한 일본의 자의적인 수출 관련 조치들은 한국을 대상으로 더 확대될 가능성이 있다는 점이다. 이러한 불확실성으로 인하여 우리나라의 경제 전반에 걸쳐 큰 타격을 받을 가능성이 높은 상황에서 WTO 제소를 통해 한국이 승소하게 되면, 일본의 행정 제도의 수정을 요구하거나 보복 조치를 취하는 등의 대안을 마련할 수 있을 것이다.

WTO DSB의 제소는 앞의 장에서 이미 언급한 바와 같이, WTO에 양자 간 협의를 통보하는 것으로 시작한다. 협의를 요청한 당사국은 원만한 협의가 이루어지지 않으면, 제소국의 자격으로 패널의 설치를 요청한다. 서면으로 패널 설치를 요청하는 과정에서 제소국은 상대 국가가 WTO 관련 협정의 위반 사항을 명기하여 제출한다.

제소국 자격으로 한국은 일본이 WTO 협정과 GATT 조항 중 위반 가능성이 높은 조항을 기재하여 서면으로 작성, 제출한다. 일본이 위반했다고 판단되는 핵심 조항은 GATT 제조 제1항, GATT 제11조 제1항 그리고 제10조 제3항이다. 그 외의 조항도 우리가 확실하게 유리하다는 판단 하에 보조적으로 적용할 수 있지만, 승소가 확실한 조항을 중심으로 제소하는 것이 유리하다.

후쿠시마 관련 분쟁에서 일본은 한국이 위반했다고 주장한 관련 WTO

조항은 패널 설치를 요청할 때 11개 조항을 제시했지만, 패널 설치 이후 심리 과정에서 핵심적인 4개 조항이 위반되었다고 주장하면서 패널의 판단을 요구했다. 이러한 것을 볼 때 한국은 가장 확실한 위반 사항을 예상하고 제시할 필요가 있다.

한국의 판단에 대하여 일본이 대응할 수 있는 관련 조항은 GATT 제20조 (d)항과 GATT 제21조 등이다. 이 조항들을 근거로 일본은 자국의 조치가 한국이 제시하는 관련 조항의 위반이 아니라고 항변할 가능성이 높다.

한국이 일본의 무역 규제에 대해 제소하는 경우를 가정하여 위반 가능성이 있는 관련 WTO 조항을 살펴보고 제한적이지만 향후 한국의 대응 방안에 대해 살펴보고자 한다. 물론 실제 WTO DSB 제소에서 한국 정부의 확실하고 치밀한 자료와 증거를 바탕으로 최선의 결과를 얻을 것으로 확신한다.

7.1.
주요 쟁점 조항

GATT 제1조

WTO 제소와 관련하여 주요 쟁점이 될 수 있는 조항은 GATT 제1조 최혜국대우이다. 이것은 앞 장에서 서술한 바와 같이 WTO의 원칙이자, 회원국으로서 가장 기본적으로 지켜야 할 조항으로 한 국가가 다른 회원국을 차별하지 않을 것을 규정하고 있다. 한 국가에게 적용되는 조치는 다른 국가에게도 동일하게 적용되어야 하며 차별하는 경우 동 조항을 위반하게 된다.

WTO 제1조의 최혜국대우는 한 국가가 수입을 하는 경우뿐만 아니라 '수출'의 경우에도 다른 회원국들에게 적용하는 조치와 동일한 조치를 취할 것을 명시하고 있다. 한 국가가 취한 조치의 기준이 다른 회원국들과 동등할 것을 요구하는데 수입과 마찬가지로 수출의 경우에도 이 조항에 의해 차별하지 않을 것을 요구한다. 이러한 점에서 일본의 '수출강화조치'는 해당 조항의 위반 가능성이 높다.

제1조 일반적 최혜국대우	Article I General Most-Favoured-Nation Treatment
1. 수입 또는 수출에 대하여 또는 수입 또는 수출과 관련하여 부과되거나 수입 또는 수출에 대한 지급의 국제적 이전에 대하여 부과되는 관세 및 모든 종류의 과징금에 관하여, 동 관세 및 과징금의 부과방법에 관하여, 수입 또는 수출과 관련된 모든 규칙 및 절차에 관하여, 그리고 제3조제2항 및 제4항에 언급된 모든 사항에 관하여 체약당사자가 타국을 원산지로 하거나 행선지로 하는 상품에 대하여 부여하는 제반 편의, 호의, 특권 또는 면제는 다른 모든 체약당사자의 영토를 원산지로 하거나 행선지로 하는 동종 상품에 대하여 즉시 그리고 무조건적으로 부여되어야 한다.	1. With respect to customs duties and charges of any kind imposed on or in connection with importation or exportation or imposed on the international transfer of payments for imports or exports, and with respect to the method of levying such duties and charges, and with respect to all rules and formalities in connection with importation and exportation, and with respect to all matters referred to in paragraphs 2 and 4 of Article III,* any advantage, favour, privilege or immunity granted by any contracting party to any product originating in or destined for any other country shall be accorded immediately and unconditionally to the like product originating in or destined for the territories of all other contracting parties.

2019년 7월 1일 일본은 '수출강화조치'를 발표하고 반도체 및 디스플레이의 핵심 소재 3가지 품목에 대해 '포괄수출허가' 대상에서 제외했다. 이러한 일본 정부의 조치가 실제 한국이라는 국가를 특정하여 차별적인 수

출 규제로 이어지지 않는다면 문제가 발생하지 않았겠지만, 7월 4일 일본의 수출 규제 강화가 실시되었고 그 이후 제한 대상이 된 3개 품목에 대한 개별 허가가 나지 않아 한국 관련 기업들은 무역 규제의 영향으로 부품 소재의 다른 수입처를 찾는 등 대책을 마련해야 했다.

일본의 수출 규제가 시행된 후, 일본은 8월 7일에 최초로 해당 품목의 수출을 허가했다. 일본의 신에쓰화학이 삼성전자에서 수입하는 포토레지스트 품목에 대한 수출 신청이 7월 8일에 이루어졌고, 8월 8일에야 수출 허가가 떨어졌다. 또한, 7월 8일에 일본 기업 JSR이 신청한 수출 건에 대해서는 8월 19일에야 허가가 났다. 지난 7월 1일 일본의 수출 강화 조치 발표 이후 한국은 단 두 건의 수입만 가능했고, 그 물량은 총 450만 배럴이다. 일본의 수출 허가에 걸린 시간은 동일한 날짜에 신청한 수출 허가가 한 건은 34일, 다른 한건은 45일 만에 승인되었다.[72]

패널 심리 과정에서 할 수 있는 일본의 주장을 예상해 본다면, 일본의 현재 상황에서 '안보상의 이유'로 한국이 일본의 국가 안보에 위협이 되는 행위를 했고 따라서 전략 물자로 구분되는 품목의 수출을 제한했다고 주장할 것이다. 일단 한국이 화이트리스트에서 제외될 타당한 조건이 있는지의 여부는 제외하고 한국에게 취한 조치가 동 조항 위반인지 판단한다면 당연히 일본이 다른 국가들과 차별적으로 대우했으므로 명백한 위반이다. 동 조항에 의하면 '수출과 관련된 모든 규칙 및 절차에 관하여, 체약 당사자가 타국을 원산지로 하거나 행선지로 하는 상품에 대하여 부여하는 제반 편의, 호의, 특권 또는 면제는 즉시 그리고 무조건적으로 부여되어야 한다'고 규정하고 있다.

즉, 일본의 '수출강화조치'는 명백히 동 조항에서 규정하는 '수출과 관련된 규칙과 절차'에 해당하고 '타국을 행선지로 하는 경우'는 '한국으로의 수출'로 볼 수 있다. 또한 다른 모든 회원국들과 동등하게 부과해야 하는 '제반 편의, 호의, 특권, 면제'의 기준으로 볼 때 한국을 특정국으로 하여 기존에 부여했던 혜택 또는 특권을 '즉시 그리고 무조건적'으로 부여하지 않은 것은 분명하게 동 조항의 위반이다.

일본은 수출 규제 조치를 취하면서 그 근거로 여러 차례 '안보상의 이유'를 언급했다. 아베는 한국이 북한에 대한 제재를 취하지 않았고, 에칭가스가 화학부기 또는 핵무기를 제조하는 공정에 사용될 우려가 있다고 주장하면서 한국을 화이트리스트에서 제외했다.

화이트리스트는 일본의 수출무역관리령, 수출령 별표3에서 지정하고 있는데, 화이트리스트에 포함되기 위한 조건은 NPT핵확산금지조약, BWC생물무기금지조약 CWC화학무기금지조약등 국제수출통제체제에 가입되어 있고 캐치올 제도를 시행하여 수출 통제를 철저히 이행하고 있는 국가를 대상으로 한다. 한국이 이번 일본의 조치로 제외되어 현재는 총 26개 국가가 화이트리스트에 포함되면서 전략 물자로 구분되는 품목의 수출에 특혜를 받고 있다.

일본은 역시, 한국을 화이트리스트에서 제외하는 것 또한 '안보상의 이유'라고 주장할 가능성이 높다. 한국은 신뢰할 수 없고 - 어떤 내용인지 지금은 알 수 없지만 - 일본의 국가 안보에 위협이 되는 행동에 대한 근거를 제시하면서 한국을 화이트리스트에서 제외하는 것은 합당한 조치였다고 주장할 것이다. 하지만 이러한 일본의 주장 또한 설득력을 갖기 힘들다.

일본이 한국을 화이트리스트에 포함시켰을 때 이미 언급한 기본 조건을 모두 충족했기 때문이다. 일본이 GATT 제1조의 위반이 아니라고 항변하기 위해서는 다른 화이트리스트에 포함된 국가와 한국의 차별성을 증명해야 할 것이다. 즉, 일본이 기존의 화이트리스트에서 한국을 제외하는 기준도 일본 정부의 조치로서 '수출과 관련된 규칙과 절차'에 해당하므로 한국이 심각한 불법적 행위를 하였다거나 위에서 제시한 화이트리스트에 포함되는 조건에 부합되지 않는 경우 등을 증명할 수 있어야 한다.

화이트리스트에 한국이 포함될 때의 기준으로 보면 한국이 국제협력기 구를 탈퇴했다거나 제명되었다는 등의 주장은 불가능하다. 그렇다면 일본이 어쩔 수 없이 선택할 수밖에 없는 것은 '한국의 캐치올 통제'뿐이다. 그런 이유로, 일본은 언론을 통해 한국의 캐치올 통제를 계속적으로 언급했다고 볼 수 있다.

일본은 '한국의 캐치올 통제의 부실'을 수출 규제의 근거로, 안전상의 이유로 주장하겠지만 이 또한 패널 심리 과정에서 확실한 증거를 제시해야 할 것이다. 조금 더 자세히 살펴보면, 일본은 한국의 캐치올 제도의 대상 범위가 협소하고 재래식 무기에 대한 규제도 부족하다는 주장을 계속적으로 해왔다. 또한 일본 언론을 통해 한국에서 지난 4년간의 전략 물자 밀수출이 증가했다고 주장했는데 그 근거는 한국의 국정감사를 통해 2019년 5월 국회에 제출된 한국의 '[표-24] 전략물자의 무허가수출 적발 빛 조치현황'[73] 이다. 이 자료는 수출 제한과 교육 명령까지 경미한 사례를 모두 포함하고 있다.

표-25. 전략물자의 무허가 수출 적발 및 조치현황 (건수)

구분	2015	2016	2017	2018	2019.3	계
수출제한	12	11	21	2	2	48
교육명령	1	7	23	29	27	87
경고	1	4	4	10	2	21
합계	14	22	48	41	31	156

출처 : 산업통상자원부 설명자료 2019.7.10.

해당 자료에 의하면 2015년부터 2019년 3월까지 수출 기업의 무허가 수출 적발 및 조치 건수가 총 156건이고 그 중에서 수출 제한 조치를 받은 것은 48건이다. 제도를 잘 파악하지 못해 미처 전략 물자로 분류된 품목을 신고하지 않고 수출한 신규 중소기업의 경우나 전략 물자로 구분되어 통제 대상인 물품을 확인하지 않고 수출한 경우는 교육 명령이나 경고 등의 조치를 취하고 있다. 물론 수출 기업이 위반한 사항은 맞지만 일본이 주장한 것처럼 한국이 156건 모두가 주요 전략 물자의 밀반출과 중대한 수출 제한 조치를 받은 것은 아니다.

만약 실제 수출 제한이나 중대한 위반 사항이 아닌, 경미한 조치까지 포함된 자료를 인용하여 한국을 화이트리스트에서 제외하였다면 그 의도를 다시 한 번 살펴봐야 한다. 또한 동 자료를 이용하여 한국을 수출 규제의 대상으로 삼는다면, WTO 동 조항의 최혜국대우 측면에서 미국의 전략 물자 밀수출 위반 건수와 조치 현황을 참고, 비교하는 것이 필요하다.

표-26. 미국 불법 수출 처벌 현황

구분	2015	2016	2017	계
형사처벌(건)	31	32	31	94
행정처벌(건)	47	35	52	134
합계	78	67	83	228

자료 : 미 상무부 산업안보국
출처 : 산업통상자원부 설명자료 2019.7.10. 저자 재작성

　　미국의 경우 무허가 수출 적발 실적 및 주요 사례를 공개하는데, 자료에 의하면 2015년부터 2017년까지의 불법 수출 처벌 현황은 형사 처벌은 총 94건, 행정 처벌은 134건으로 총 228건에 달한다. 동 기간의 한국의 적발 및 조치 현황 중 교육 명령과 경고까지 포함하여 총 84건이다.

　　현재 미국은 일본의 화이트리스트에 포함되어 있는데, 미국의 불법 수출 처벌 현황 자료는 한국과 비교해볼 때 2015년부터 2017년까지 단 3년간의 자료만 보더라도 한국의 84건에 비해 미국은 228건으로 처벌 건수가 월등히 많다.

　　한국을 화이트리스트에 제외시키는 조치가 캐치올 통제의 대상이 협소하고, 전략 물자에 대한 관리 소홀과 처벌 건수를 근거로 한다면, 일본은 미

국 또한 화이트리스트에서 제외하는 것을 우선적으로 고려해야 한다. 미국은 계속적으로 백색국가로서 수출 특혜를 받고 있다는 점에서 한국에 대한 조치는 일본이 동 협정 최혜국대우 위반이 분명하다.

GATT 제11조

제11조 수량제한의 일반적 철폐	Article XI General Elimination of Quantitative Restrictions
1. 다른 제약당사사 영토의 상품의 수입에 대하여 또는 다른 체약당사자 영토로 향하는 상품의 수출 또는 수출을 위한 판매에 대하여, 쿼타, 수입 또는 수출 허가 또는 그 밖의 조치 중 어느 것을 통하여 시행되는지를 불문하고, 관세, 조세 또는 그 밖의 과징금 이외의 어떠한 금지 또는 제한도 체약당사자에 의하여 설정되거나 유지되어서는 아니된다.	1. No prohibitions or restrictions other than duties, taxes or other charges, whether made effective through quotas, import or export licences or other measures, shall be instituted or maintained by any contracting party on the importation of any product of the territory of any other contracting party or on the exportation or sale for export of any product destined for the territory of any other contracting party.

WTO는 수출과 수입의 무역거래에서 '수량의 제한'이나, '수출입 허가제도'를 통해 회원국들이 자국의 산업을 보호거나, 자국의 이익을 위해 무역 관련 제제 수단으로 사용하는 것을 엄격히 금지하고 있다. GATT 제11조 '수량제한의 일반적 철폐'에서 모든 회원국은 수입뿐만 아니라 수출에서도 '쿼터제'를 운영하는 방식으로 수량을 제한하여 무역 장벽으로 이용하는 것을 금지하고 있다.

현재 일본이 한국을 대상으로 하는 수출 규제의 조치는 동 조항의 위반이다. 동 조항에서 규정하는 '수출허가 또는 그 밖의 조치'는 곧, 일본의 '수출 강화조치'와 '한국을 화이트리스트에서 배제하는 조치'라고 볼 수 있다. 이러한 일본의 규제가 수출을 금지하고, 제한하고 있다는 것이 명백한 사실이므로 동 조항의 위반이다.

위에서 살펴본, GATT 제1조 최혜국 대우와 더불어 제11조의 수량 제한의 금지 조항에서 일본이 항변할 수 있는 다른 근거는 없을 것으로 예상된다. 따라서 한국 정부가 일본을 제소하는 경우 가장 확실한 근거 조항으로 GATT 제11조를 우선적으로 제시하는 것이 더욱 유리할 것으로 본다. 현재 일본의 수출 규제 조치가 해당 조항을 위반한다는 것에 대해서 증명하는 것은 우리 정부 입장에서 크게 어려운 부분은 아니다. 수출 규제가 실제 발생했고, 그 결과 한국으로 수출이 제한적이며, 실제 수출 금지 조치에 준하는 결과를 가져왔다는 것은 분명하므로 자료의 준비와 증명이 어렵지 않을 것이다. 또한 이 조항의 위반으로 인하여 필수적으로 증명해야 하는 부분은 아니지만, 한국의 산업에 피해가 존재한다는 자료를 제시하는 것도 도움이 될 수 있다. 현재 수입이 원활히 되지 않아서 발생되는 문제, 즉 관련 기업의 생산량, 설비 가동률 등 산업 피해를 증명할 수 있는 자료를 미리 수집하고 준비해야 할 것이다.

GATT 제10조

제10조 무역규정의 공표 및 시행	Article X Publication and Administration of Trade Regulations
1.체약당사자가 시행하고 있는 법률·규정·사법판결 및 일반적으로 적용되는 행정결정으로서 관세목적을 위한 상품의 분류 또는 평가, 관세, 조세 또는 그 밖의 과징금의 율, 수입 또는 수출, 또는 이를 위한 지급이전에 대한 요건, 제한 또는 금지에 관한 것이거나 상품의 판매, 유통, 운송, 보험, 창고보관, 검사, 전시, 가공, 혼합 또는 그 밖의 사용에 영향을 주는 것은 각 정부 및 무역업자가 알 수 있도록 하는 방식으로 신속히 공표되어야 한다. 체약당사자 정부 또는 정부기관과 다른 체약당사자 정부 또는 정부기관 간에 유효한, 국제무역정책에 영향을 주는 협정 또한 공표되어야 한다. 이 항의 규정은 체약당사자가 법률의 시행을 방해하거나 달리 공익에 반하거나 공사를 불문한 특정기업의 정당한 상업적 이익을 저해할 수 있는 비밀정보를 공개하도록 요구하는 것은 아니다.	1. Laws, regulations, judicial decisions and administrative rulings of general application, made effective by any contracting party, pertaining to the classification or the valuation of products for customs purposes, or to rates of duty, taxes or other charges, or to requirements, restrictions or prohibitions on imports or exports or on the transfer of payments therefor, or affecting their sale, distribution, transportation, insurance, warehousing inspection, exhibition, processing, mixing or other use, shall be published promptly in such a manner as to enable governments and traders to become acquainted with them. Agreements affecting international trade policy which are in force between the government or a governmental agency of any contracting party and the government or governmental agency of any other contracting party shall also be published. The provisions of this paragraph shall not require any contracting party to disclose confidential information which would impede law enforcement or otherwise be contrary to the public interest or would prejudice the legitimate commercial interests of particular enterprises, public or private.
3. (a) 각 체약당사자는 이 조 제1항에 기재된 종류의 자신의 모든 법률, 규정, 판결 및 결정을 일관되고 공평하며 합리적인 방식으로 시행한다.	3. (a) Each contracting party shall administer in a uniform, impartial and reasonable manner all its laws, regulations, decisions and rulings of the kind described in paragraph 1 of this Article.

GATT 제10조는 WTO의 모든 회원국에게 다른 회원국 정부와 무역 거래

에 참여하는 무역업자 등의 이해 관계자가 확실하게 인지할 수 있도록 관련

협정을 공표할 것을 의무로 규정하고 있다. 또한 3항의 (a)에 의해 모든 '회원국 정부가 시행'하는 법률, 규정, 판결 및 기타 결정에 대해 공평하고 합리적인 방식으로 시행하여야 한다.

이 조항에 의해 일본의 '수출강화조치'의 시행과, 한국의 화이트리스트 배제의 경우 일본은 즉각적으로 발표하고 공표했기 때문에 동 조항 1항의 위반은 아니다. 하지만 3항 (a)에서 규정하는 '시행'의 측면에서 '일관되고, 공평하며 합리적인 방식'으로 시행할 것을 요구하고 있다는 점에서 일본의 관련 조치는 명백하게 위반이다. 즉, 한국을 목표로 하는 조치가 법률과 규정 등의 개정을 통해 이루어졌다는 것은 분명하지만, 그것이 다른 국가들과 비교했을 때 일관되지 않고, 공평하지 않다는 것은 명백하다.

7월 4일 발표한 조치로 인하여 한국은 다른 국가들과 달리 3가지 핵심 소재의 수입에 제한적이었다는 사실은 달리 입증하지 않아도 2019년 8월 기준으로 단 3건뿐인 일본의 수출 허가만으로 증명이 된다. 또한 실제 '시행'의 측면에서 한국으로 수출하는 경우 기존의 다른 국가들이 3건의 서류만으로도 수출 허가를 받을 수 있는 반면에, 한국은 수출 건당 개별 허가를 받아야 하므로 7건의 서류를 구비해야 한다. 이것은 일본의 '수출무역관리령의 운용에 대하여'에 근거하여 반드시 경제산업성 안전보장무역심사과에 심사를 신청해야 하고 다른 간편한 절차는 인정되지 않는다. 심사기간 또한 평균 7일에서 최장 90일까지 늘어나게 되었다. 이러한 사실로 볼 때 일본의 조치가 GATT 제10조 3항 (a)의 위반 가능성은 분명하다고 할 수 있다. 이 조항 위반을 주장하는 한국에 대하여 일본의 항변은 애초 한국만 대상이 아니고 '안보상의 이유'로 다른 국가들에게도 똑같이 적용한다고 주장하면서 화이트리스트 국가에 포함되지 않으므로 당연히 개별 수출 허가를 받는 것에 일관적으로 시행했다고 주장할 것이다. 이러한 일본의 주장은 GATT 제21조 안전 보장을 위한 예외 조항이 그 근거가 될 수 있다.

GATT 제20조

GATT 제20조 일반적 예외	Article XX General Exceptions
다음의 조치가 동일한 어건이 지배적인 국가 간에 자의적이거나 정당화할 수 없는 차별의 수단을 구성하거나 국제무역에 대한 위장된 제한을 구성하는 방식으로 적용되지 아니한다는 요건을 조건으로, 이 협정의 어떠한 규정도 체약당사자가 이러한 조치를 채택하거나 시행하는 것을 방해하는 것으로 해석되지 아니한다.	Subject to the requirement that such measures are not applied in a manner which would constitute a means of arbitrary or unjustifiable discrimination between countries where the same conditions prevail, or a disguised restriction on international trade, nothing in this Agreement shall be construed to prevent the adoption or enforcement by any contracting party of measures:
(d) 통관의 시행, 제2조 제4항 및 제17조 하에서 운영되는 독점의 시행, 특허권·상표권·저작권의 보호 그리고 기만적 관행의 방지와 관련된 법률 또는 규정을 포함하여 이 협정의 규정에 반하지 아니하는 법률 또는 규칙의 준수를 확보하기 위해 필요한 조치	(d) necessary to secure compliance with laws or regulations which are not inconsistent with the provisions of this Agreement, including those relating to customs enforcement, the enforcement of monopolies operated under paragraph 4 of Article II and Article XVII, the protection of patents, trade marks and copyrights, and the prevention of deceptive practices;

GATT 제20조는 앞 장에서 이미 설명한 바와 같이 WTO 회원국의 의무를 일시적으로 정지하거나 지키지 않아도 되는 '예외적 상황'을 규정하고 있다. 일본은 한국의 주장에 대한 항변으로 GATT 제20조를 인용할 가능성이 높다.

동 조항 (d)에 의해 무역 거래 시 통관이나 기만적인 관행을 방지하기 위해서 회원국은 법률이나 규칙을 준수하기 위한 조치를 취할 수 있다. 동 조항의 두문chapeau에서는 (d)항의 조치가 자의적이거나, 차별의 수단으로 시행되거나, 국제 무역에 대한 위장된 제한, 즉 무역 장벽으로서 시행되는 것을 금지하고 있다. 이 두문의 내용은 다른 분쟁의 상소기구 리포트에서 신의성실의 원칙Principle of good faith이라고 정의했다.[74]

일본은 한국을 대상으로 하는 무역 관련 조치들이 한국이 북한에 대한 제제에 소홀했고, 에칭가스가 화학무기, 핵무기 제조에 사용될 우려가 있기 때문에 자국의 안전을 보장하기 위한 조치로서 필요하다고 GATT 제21조를 들어 항변하면서, GATT 제20조 (d)항을 보완적 근거로 해당 조치들이 자국의 안보를 위한 '법률 또는 규칙'의 준수에 필요한 것이었다고 주장할 가능성이 높다. 이 경우, 앞서 말한 것과 같이 (d)항을 주장하기 위해서는 제20조 두문의 내용을 충족해야 한다. 즉 일본이 (d)항에 근거한 '일반적 예외'로 인정받기 위해서는 일본의 조치가 자의적이지 않아야 하고, 국제 무역에서 무역 장벽으로 사용되지 않았다는 것을 '신의성실의 원칙'에 의거해 증명해야 한다. 또한 해당 조치가 무역을 제한하는 효과가 적으면 적을수록 WTO 패널의 심리에서 일본의 주장이 받아들여질 가능성이 높다. 하지만 지금까지 한국을 대상으로 한 일본의 규제는 자의적이고, 일관성이 없을 뿐만 아니라 한국으로 수출의 규제로 인하여 산업 피해가 발생할 가능성이 높기 때문에 무역을 제한하는 효과가 크다. 따라서 동 조항과 관련하여 일본의 입증이 쉽지 않을 것으로 판단된다.

GATT 제21조

GATT 제21조 안전보장을 위한 예외	Article XXI Security Exceptions
이 협정의 어떠한 규정도 다음으로 해석되어서는 아니 된다. (a) 체약국에 대하여, 발표하면, 자국의 안전보장 상 중대한 이익에 반한다고 인정하는 정보의 제공을 요구하는 것. (b) 체약국이 자국의 안전보장 상 중대한 이익을 보호하기 위하여 필요하다고 인정되는 다음의 어느 조치를 취하는 것을 방해하는 것. (i) 핵분열성물질 또는 이로부터 유출된 물질에 관한 조치, (ii) 무기, 탄약 및 전쟁기재의 거래 및 군사시설에 공급하기 위하여 직접 또는 간접으로 행하여지는 기타의 물품 및 원료의 거래에 관한 조치, (iii) 전시 또는 기타 국제관계에 있어서의 긴급시에 취하는 조치, (c) 체약국이 국제평화와 안전의 유지를 위하여 국제연합 헌장에 의한 의무에 따라 조치를 취하는 것을 방해하는 것.	Nothing in this Agreement shall be construed (a) to require any contracting party to furnish any information the disclosure of which it considers contrary to its essential security interests; or (b) to prevent any contracting party from taking any action which it considers necessary for the protection of its essential security interests (i) relating to fissionable materials or the materials from which they are derived; (ii) relating to the traffic in arms, ammunition and implements of war and to such traffic in other goods and materials as is carried on directly or indirectly for the purpose of supplying a military establishment; (iii) taken in time of war or other emergency in international relations; or (c) to prevent any contracting party from taking any action in pursuance of its obligations under the United Nations Charter for the maintenance of international peace and security.

일본이 한국의 주장을 반박할 가장 유력한 조항은 GATT 제21조이다. 동 조항은 WTO 회원국이 자국의 안전 보장을 위해 회원국으로서 지켜야 할 의무를 지지 않거나, 유예할 수 있는 경우에 대해 규정하고 있다. 동 조항에 명시하고 있는 바와 같이, '자국의 안전보장상 중대한 이익을 보호하기 위해 필요하다고 인정되는 조치'를 취할 수 있다.

다만, 동 조항의 (b)항의 (i),(ii),(iii)에 한하여 예외를 인정받을 수 있다. 즉, 핵분열성물질, 또는 이로부터 유출된 물질에 관련된 조치는 회원국이 판단하는 바에 의하여 수출 규제 조치가 가능하다. 또한 (ii)항의 무기, 탄약 및 전쟁기재의 거래 및 군사 시설에 공급하기 위해 직접, 간접으로 행해지는 물품 및 원료의 거래에 관한 조치는 회원국이 당연한 권리로서 수출 거래를 제한할 수 있다. 또한 전시 또는 기타 국제 관계에서 긴급 시에 취하는 조치도 동 조항에 의해 회원국이 취할 수 있는 예외로 인정한다.

일본은 당연히 동 조항의 (b)의 (ii)와 (iii)를 근거로 들면서, 한국을 대상으로 한 '수출강화조치'는 자국의 안보상 이유로 취한 조치라고 주장할 것이 분명하다. 또한 관련 법률을 개정하여 해당 물품의 수출 시 심사와 승인을 강화한 조치는 WTO 관련 협정의 위반이 아니라고 항변할 것이 분명하다.

이미 여러 차례 일본 정부는 '한국을 신뢰할 수 없는 국가'라고 칭하면서 신뢰 관계가 깨졌고, 자국의 조치가 WTO 협정을 위반한 것이 아니라는 것을 언급했던 것은 이미 일본이 수출 규제를 준비하는 과정에서 한국의 WTO 제소 가능성을 미리 예상하고 동 조항을 근거로 들기 위해 반복해서 주장한 것이라고 볼 수 있다.

이 분쟁의 패널 심사 과정에서 가장 핵심이 되는 GATT 제21조는 조항의 문구가 가진 모호성으로 과거 관련 분쟁에서도 분쟁 당사국들의 주장이 첨예하게 대립했다. 우리나라가 가장 유의해야 할 것은 동 조항의 국가 안보에 대한 판단은 절대적으로 회원국의 주장을 인정한다는 점이다. 즉 가장 문제가 되는 부분은 'it considers(체약국이 인정하는)'이다. 좀 더 풀어서 설명하면 '한 국가가 자국의 상황과 사정을 고려하여 안전보장상의 중대한 이익을 침해한다고 판단하는'의 의미로 볼 수 있다. 일본이 이 조항을 근거로 무역을 제한하는 조치를 취했다면 패널의 심리 과정에서 일본이 취한 조치는 '자국의 판단'이므로 안보상 이익의 침해, 자국의 안전을 보장하기 위한 상황 등에 대해서 패널이 개입하여 판단할 수 없다고 강력히 주장할 것이 분명하다.

과거 미국과 니카라과의 분쟁[75]에서 니카라과는 미국의 조치가 제21조 (b)(iii)에 의해 정당화될 수 없다고 주장했고, '자국의 안보상 판단' 또한 패널이 판단해야 하는 부분이라고 주장했지만 패널은 기존 판단을 고수했다. 즉 해당 조항에서 분명하게 명시하고 있는 부분 'it considers'에 의해 자국의 판단을 존중하는 것이 이제까지 관련 분쟁에서 패널의 입장이다.

일본은 그들이 주장하는 '수출강화조치'를 시행할 필요성으로 이미 여러 차례 한국의 전략 물자 관련 조치들이 소홀하다고 지적해왔다. 심리 과정에서 일본이 '안전 보장상의 조치'라고 주장하게 된다면, 패널이 개입하여 판단할 가능성이 높지 않고 일본의 주장을 인정할 여지가 있다. 이러한 관점에서 한국의 대응은 좀 더 치밀하게 세부적으로 접근해야 한다.

일본은 '수출강화조치'를 2019년 7월부터 점차적으로 강화시켜 왔다. 8월에는 한국을 화이트리스트에서 제외하는 조치를 시행했는데 그렇다면 그 당시 또는 그 이전에 한국이 일본의 국가 안전을 위협하는 행위를 실제로 했다고 볼 사안이 있는지 냉정하게 검토할 필요가 있다. 또한 일본이 수출 규제를 언제부터 준비해왔는지 그 시점도 살펴볼 필요가 있다.

2019년 7월부터 일본의 수출 규제 관련 발표가 있었지만, 사실 그 이전에 이미 한 차례 일본은 한국으로 수출하는 부품 소재의 허가를 승인하지 않았던 적이 있었다. 2018년 11월경 일본은 한국으로 수출되는 '불산'의 수출을 3일간 중단했고, 한국의 반도체 산업 관련 기업들을 당혹하게 만들었다. 이때 일본의 공식적인 이유는 알려지지 않았고, 다만 표면적인 이유는 서류 미비였지만, 이미 그 이전부터 수출 규제가 한국 경제에 미치는 영향에 대해 점검하기 위한 것은 아니었는지 확인할 필요가 있다.

일본은 2019년 3월 일본의 미래전략기구인 과학기술진흥원의 보고서에 의하면 경제산업성 관료 등 170명을 동원하여 일본의 소재 부품의 기술력과 국제 경쟁력을 전수 조사했고, 포토레지스트와 고순도 불화수소가 그 대상 중 하나였다.[76] 이것은 일본이 이미 한국의 반도체 산업에 피해를 노리고 수출 규제를 강행했다는 반증이기도 하다.

그 이유는, 일본의 반도체 산업이 가지고 있는 문제와 연결된다. 현재 일본의 반도체 산업은 비메모리반도체에 치중되어 있다. 메모리반도체, 특히 한국의 D램 전 세계 시장점유율이 74.4%에 달하고 있는 상황에서 일본의 반도체 업체들의 투자가 증가하고 있다. 그 중 한 가지를 예로 들면, 일본의 대표 기업인 도시바는 세계 1위인 삼성에 이어 세계 제2위의 낸드플레시 메모리 생산 업체이다. 이 기업은 이미 '기타카미' 공장을 제2의 생산 거점으로 11조 원을 투입하여 낸드플레시의 대량 생산을 앞두고 있다. 이러한 점에서 볼 때 일본의 국가 안보를 위협할 수 있는 조치나 행위가 있었던 것이 아니라 일본이 자국의 반도체 산업을 육성하기 위해 '위장된 보호무역 조치'로서 한국으로 수출되는 주요 부품 소재를 규제한 것이다. 따라서 이미 2018년 이전부터 한국을 목표로 수출 규제를 검토했다는 사실을 강하게 주장할 필요가 있다.

보다 더 중요한 쟁점은 과연 한국이 일본의 '안보'를 저해할 목적으로 전략 물자의 밀반출 등의 행위를 실제로 했는지에 대한 판단이다. 일본은 한국이 군사용으로 전용 가능한 물자를 밀수출했고, 적발된 건수가 지난 4년 동안 156건에 달한다고 일본 언론을 통해 발표했다.[77] 이러한 일본의 주장이 명백하게 증거로 제시되지 않는다면, 동 조항에 대한 패널의 판단은 한국에게 유리하게 작용할 가능성이 높다.

전략 물자 관련 수출 통제 측면에서 살펴보면 일본의 주장은 설득력이 없다는 것이 분명해진다. 일본 기업이 자국의 법률인 '외환법'의 관련 조항을 위반하여 처벌한 사례가 있었다. 이러한 위반 사례는 일본 경제산업성이 보도 자료를 통해 배포한 내용을 살펴보면, 1960년대부터 2016년까지 처벌 사례가 51건에 달하고, 최근 2015년부터 2018년 5월까지의 최근 3년간 적발, 처벌된 건수는 총 10건에 달한다.[78]

일본의 CISTEC^{Center for Information on Security Trade Control}[79]에서 게재하고 있는 위반 사례 중 하나는 일본 기업 '쥬바이차오'가 2016년부터 2017년에 걸쳐 '외환법'상 규제 품목인 항공기 탑재용 적외선 카메라 등을 경제산업성대신의 허가를 받지 않고 홍콩을 경유하여 중국으로 수출하여 수출 금지 3개월의 행정 처분을 받은 것으로 나타났다. 그밖에도 제3국을 거쳐 중국이나 북한으로 수출한 기업들은 수출 금지 등의 행정 처분을 받은 것으로 나타났다. 하지만 일본은 총 적발 건수뿐만 아니라, 적발된 불법 무역 행위 건수와 이에 대한 행정 조치의 정확한 건수 등도 공개하고 있지 않다.[80]

반면에 우리나라의 경우 전략물자관리원과 전략물자관리 시스템을 통해 더욱 철저하게 수출 통제가 이루어지고 있다. 민간 기업들의 전략 물자 수출에 관련된 정보를 제공하고, 관련 물품의 수출에 대한 판정과 허가사항뿐만 아니라 전략물자관리제도에 대한 안내도 해당 시스템을 통해 구축되어 있다. 이러한 시스템을 이용하여 한국은 2019년 7월까지 최근 7년간 기업들의 자가 판정은 40%, 해당 기관을 통한 전문 판정은 19.4%, 수출 허가 신청은 41.9%로 재래식 무기 관련 물품의 수출 통제로서 캐치올 통제가 이루어지고 있다.

전략물자관리원 2018 전략물자 연례보고서에 의하면, 한국은 최근 MTCR 미사일기술통제체제의 회원국 기술전문가회의에도 적극적으로 참여하여 캐치올 통제의 법적 근거와 2003년 이후 시행된 389건의 캐치올 허가 및 심사의 자세한 통계(거부 건수 및 목적지 국가 비율 등)를 제시하였고, 캐치올 거부, 허가, 처벌 사례 등을 발표했다. 또한 한국이 캐치올 허가 심사에 대한 결정이 부처 내 어느 정도의 수준에서 이루어지는지에 대한 캐나다의 질의에 '허가 심사는 통상 과장급에서 결정되고, 예외적으로 국장급에서 결정될 수도 있으며, 국가 R&D에 대한 검증 결정은 장관급에 의해서, 민감한 PSI(Proliferation Security Initiative, 대량살상무기 확산방지구상) 차단 건은 최고위급 보고를 통해서 진행'[81]된다고 자세하게 답변하였고, 국제적 협력에도 최선을 다 하고 있다.

우리나라의 전략 물자의 관리는 법률에서 정하는 바에 의거하여 이루어지고 있다. 이미 2007년 대외무역법을 개정하여 전략 물자에 대한 관리를 수출입공고에서 규정하던 것을 법률 조항으로 포함하여 개정하였고, 재래식 무기에 대한 수출 통제도 대외무역법 제19조, 전략 물자 수출입고시 제1조, 제5조, 제50조 등의 규정에 따라 캐치올 통제의 법적 근거를 마련했다. 이처럼 우리나라는 이미 2007년부터 대외무역법 개정으로 강화되었고, 이미 화이트리스트에 일본이 한국을 포함시켰을 당시부터 지금까지 주요 핵무기 등 전략 물자의 수출 통제 관련 주요 조약에 가입되어 있는 상황에서 한국의 수출 통제가 효과적으로 이루어지지 않았다는 일본의 주장은 패널에서 배척될 가능성이 높다.

GATT 제20조와 관련하여 설명했던 '신의성실의 원칙'은 일본이 자국의 조치가 합당하다는 근거로 GATT 제21조를 제시하는 경우에도 일본에게 입증의 책임이 있다고 할 수 있다. 종합적으로 살펴볼 때 일본이 '자국의 안보상 조치'라고 주장할 경우, 수출 규제 조치가 한국의 반도체 산업에 피해를 줄 목적으로 이루어지지 않았다는 점, 안보상의 이유로서 그러한 조치를 했다는 것, 또한 법 개정과 관련 수출 규제 조치가 '위장된 보호주의'가 아니라는 사실에 대해 일본에게 입증 책임Burden of Proof이 있다. 무엇보다 일본의 수출 규제가 정치적이거나 보호무역적인 조치가 아니라는 '신의성실의 원칙'에서 증명해야 할 의무가 있다.

7.2.
한국의 일본 수출규제에 대한
WTO 제소 결과 예상

일본의 수출 규제는 실제 일본의 자료 등을 참고할 수 없는 제한적인 조건에서 살펴보더라도, GATT 제1조 최혜국대우 위반, 제11조 제1항의 수출입의 수량제한 금지, 제10조 제3항의 (d) 무역 규정의 공포 및 시행의 일관성과 공평성 등 해당 조항을 위반한 것으로 패널이 판단할 가능성이 높다. 또한 일본의 항변 근거로써 GATT 제20조, 제21조의 국가 안보에 관한 예외 규정의 입증이 쉽지 않을 것으로 판단할 때 한국의 승소 가능성이 높다고 할 수 있다. 물론, WTO 제소를 준비하는 정부로서는 심리 과정에서 패널에 제출하는 관련 자료를 얼마나 치밀하게 준비하는가의 여부가 판단의 관건이라고 할 수 있다.

일본은 이미 과거 GATT 제21조와 관련된 분쟁에서 국가 안보에 대한 회원국의 판단에 대해 패널이 개입할 수 없다는 요지의 패널과 상소기구 리포트를 인지하고 있을 가능성이 있다. 일본의 수출 규제에 관련하여 한국이 일본을 WTO에 제소하는 경우, 패널이 과거 관련된 분쟁의 패널리포트와 동일한 기준에서 판단한다면 '국가 안보'에 대한 판단은 일본의 주장이 인정될 수 있을 것이다. 하지만 그것과 분리하여 실제 일본이 취한 조치들이 관련 조항을 위반했는지에 대한 판단은 절대적으로 한국이 유리하다고 할 수 있다. 후쿠시마 수산물의 수입금지에 대한 분쟁에서 일본은 이전의 SPS 협정 위반의 사례에서 제소국이 패소하는 경우가 없다는 사실을 인지하고 한국을 제소하였지만 결론은 상소기구에서 한국의 극적인 승소였다.

이 분쟁에서 판단의 근거가 되는 GATT 조항은 앞 장에서 설명한 바와 같이, ITO의 설립을 위해 준비한 '하바나헌장'을 기초로 작성되었다. 그것은 1948년에 작성되었고, 그 당시와 최첨단 산업이 눈부시게 발전하고 있는 지금의 상황은 확연하게 다르기 때문에 관련 규정과 패널의 판단도 시대에 맞게 바뀌어야 한다.

한 가지 예를 들자면, 바세나르체제^{Wassenaar Agreement}는 무역 거래에서 통제 대상이 되는 '이중용도 품목'에 대해 논의하는데, 그 중에서 최근 2017년 한국이 안건으로 제시한 항공기 연료에 대한 전문가 그룹의 토의에서 전략 물자로 분류되는 특정 항공기 연료가 민간 여객기용 연료와 동일하거나 유사한 방법으로 제조가 가능하고, 미국도 민간 여객기에 사용이 허용되므로 통제의 실효성이 없다고 판단하여 통제 목록에서 제외하였다. 이제까지 GATT 제21조 '안전보장을 위한 예외' 조항은 '국가 안보'의 판단이 회원국의 자의적인 주장임에도 불구하고, 패널의 관할권, 판단에 대해 유보적인 입장이었다. 국가 안보에 대한 판단은 패널의 심리 과정에서 배제된다고 해도 첨단 산업의 소재로 사용되는 물품의 무역 거래에서 전략 물자의 판단하는 기준은 바세나르체제 등의 국제협력체제의 기준을 따를 필요가 있다.

한국이 WTO 분쟁에서 승소하기 위해서는 GATT 제21조와 관련하여 과거 1940년대 상황보다 현재의 첨단 산업 발달과 더욱 긴밀해진 무역 거래의 현재 상황을 고려하여 판단할 수 있도록 우리 정부의 증거 자료의 치밀한 준비가 필요하다. 위에서 언급한 바와 같이, 관련 국제 협약의 내용을 적극적으로 수용할 것을 강하게 주장할 필요가 있다.

만약 이 소송이 한국의 승소로 결정된다면, 후쿠시마 수산물 수입 금지 분쟁에서처럼 WTO 분쟁 사례의 전환점이 될 것이다. 동 조항의 개정이 쉽지 않지만 '안보상의 이유'를 들면서 일본이 보호무역 장벽으로 GATT 제21조를 인용하는 것을 WTO 패널이 인정한다면, 앞으로 첨단 산업과 관련된 보호무역조치로 모든 국가가 자의적으로 동 조항을 이용할 가능성이 높다. 이번 WTO에 일본을 제소하여 한국이 승소한다면, 위장된 보호무역주의로써 해당 조항을 남용하는 것을 제한하게 되는 중요한 결정이 될 것으로 본다.

Hyesan
Hamheung
Wonsan
Sinuiju
KOREA
Ullueng-Do
Pyeongyang
Gaeseong
SEOUL
Incheon
Daegu
Busan

8

한국의
필승
시나리오

8.1.
더 이상 과거의
한국이 아니다

일제의 폭압에 시달려온 한국은 1945년 해방을 맞았지만, 1950년 한국전쟁으로 온 나라가 폐허가 되었다. 1957년 공식 통계가 집계된 해, 우리나라의 대일 수출은 1,080만 달러, 수입은 3,350달러로 무역수지 적자가 2,270만 달러에 달했다. 이후 우리나라는 지금까지 일본과의 무역에서 단 한 번도 흑자를 기록한 적이 없다.

1965년 일본으로부터 3억 달러 수준의 차관을 들여오기로 한 이후, 1967년 한일각료회의에서 5억 달러로 확대하기로 합의했다. 일본은 돈을 빌려주고 한국에게 상품을 팔았다. 그 당시 일본으로부터의 수입은 전체의 약 40%를 차지했고, 한국 경제가 발전할수록 일본으로부터 수입은 더 증가했다.

1971년, 중화학공업품의 수입은 63%가 일본으로부터 수입한 것이었다. 이때부터 대일 무역의존도는 가파르게 증가하기 시작했다.[82]

그 동안 한국 정부는 대일 무역 적자를 개선하기 위해 노력했지만, 산업, 무역 구조상 쉽지 않은 일이었다. 2010년 결국, 사상 최대인 약 361억 달러가 넘는 대일 무역 적자를 기록했다. 그 후, 점차 대일 무역 적자는 감소하는 추세이지만, 여전히 우리 경제가 풀어야 할 숙제이다.

일본을 따라잡으려면 10년은 더 걸린다는 말을 자조적으로 해왔던 한국은 결코 호락호락한 나라가 아니었다. 1980년대 중반, 일본의 경제 발전을 상징했던 반도체 산업은 세계 시장의 50%, D램 시장에서 80% 이상을 장악했다. 이때 삼성전자는 겨우 1983년에 웨이퍼가공업을 시작했고 당시의 세계 시장점유율은 0.2%에 불과했다.

하지만 결국 1992년 D램 부문에서 세계 1위에 올라섰고, 1993년, 1995년에 4MD램, 16MD램 부문에서 1위를 차지했다. 그리고 2013년 한국은 일본을 제치고 미국에 이어 사상 최초로 반도체 세계 시장 점유율 2위에 올랐다. 메모리반도체 시장에서 52.4%로 세계 1위를 유지했고 시스템반도체는 5.8%를 차지했다.[83] 또한 전자 산업의 주요 생산국 순위에서 2018년 기준, 세계 3위를 차지하면서 일본을 넘어섰다. 2016년 중국과 미국 그리고 일본 다음으로 4위였던 한국은 2018년, 1,711억 달러의 생산액을 기록하여 1,194억 달러의 일본을 따돌렸다.[84]

1980년대 세계 시장을 주름잡던 일본을 밀어내고 1990년부터 반도체 부문에서 세계 시장을 장악한 한국은 첨단 기술력과 가격 경쟁력을 바탕으로 2017년 메모리반도체 분야에서 세계 시장의 60%가 넘는 점유율을 기록했다. D램은 부동의 세계 1위로 72.2%를 차지했을 뿐만 아니라 단일 품목으로 사상 최초로 연간 수출액 900억 달러를 돌파했다. 한국의 반도체 산업이 일본을 역전한 그 순간, 한국은 첨단 기술 산업에서의 '신화'라고 불렸고, 일본에게는 '패전', '대붕괴'라는 오명을 갖게 했다.[85]

1945년 해방, 그 후 연달아 전쟁으로 시름하던, 세계에서 가장 가난한 나라 중 하나였던 한국은 채 100년도 되지 않는 기간 동안 기적과 같은 성장을 이루었고, 세계에서 무시할 수 없는 경제 규모를 차지하는 나라가 되었다. 2019년 7월 일본은 한국을 목표로 '수출강화조치'라는 이름으로 수출 규제를 전격적으로 시행했다. 명목적으로는 '안보'를 이유로 들먹이며 자국의 수출 규제를 강화하는 것이라고 주장했지만, 결국 그 이면에는 한국의 첨단 산업인 반도체, 디스플레이 산업에 타격을 주고, 그 대가로 역사 정치적인 문제에서 일본이 원하는 것을 받아내기 위한 전략적 조치임이 분명하다.

이러한 일련의 과정은 모두 아베의 절치부심의 결과이다. 최장 기간 총리로서 공공연히 주장했던 평화헌법 9조의 개정은 그의 염원이다. 그의 임기인 2021년 9월 이전에 개헌을 통해 집단적 자위권을 행사할 수 있는, 전쟁을 할수 있는 나라로 만들기 위한 열망이 협력과 경쟁의 관계인 한국과 일본 두 나라를 갈라놓은 것이다.

아베의 간절한 열망을 꺾은 것이 바로 일제 강제동원 피해자의 대법원 판결이다. 아베는 일본이 평화국임을 선포하고 '강한 일본'으로 거듭나겠다는 그의 복안이 대법원 판결로 물거품이 될 처지이다. 왜냐하면 일본이 역사의 죄인으로, 전범국으로서 사죄하지 않음으로써 과거사에 대한 인식이 국제적으로 문제가 되는 상황은 아베의 개헌 열망을 더욱 멀어지게 만드는 결과를 가져올 것이 분명하다. 또한 '한반도평화프로세스'가 착착 진행되어 감에 따라 한국과 북한 그리고 주변의 국가들이 협상하는 과정에서도 일본은 끼어들 자리가 없었다. '재팬 패싱'은 국제사회에서 일본의 입지가 예전만 못하다는 반증이었다.

일본 자민당과 공명당의 연립여당은 최근 후쿠시마 재건 복구를 담당하는 '부흥청'을 총리직속기관으로 2012년 2월에 설치했다. 설치 기한이 2021년 3월로 다가옴에 따라 그 연장을 건의하는 자리에서 아베는 '동북 지역의 부흥 없이는 일본의 재생도 없다'고 대답했다. 이러한 아베 내각의 기본 방침을 정면으로 응수한 것이 '후쿠시마 수산물 분쟁'의 한국 승소였다.

WTO 분쟁에서 한국이 1심에서 패소하고 상소기구에서 완벽하게 승리했던 이 무역 분쟁이 어떤 점에서 아베의 정책에 중대한 영향을 준 것일까. 후쿠시마 재건의 목적은 자력 재건이 중요한 핵심이기 때문이다. 일본은 그동안 한국뿐만 아니라 여러 나라에 후쿠시마 수산물의 수입 금지 해제를 강력하게 요구했다. 일부 국가들은 일본의 압력에 금수 조치를 해제했지만, 한국은 일본이 WTO에 제소함에 따라 적극적으로 대응했고 그 결과 일본이 패소하여 한국은 후쿠시마산 수산물을 수입 금지하고 더 강력한 수준의 수입 관련 조치를 시행 중이다.

대법원의 판결, WTO 분쟁에서의 승소. 그리고 재판 패싱. 이러한 상황에서 아베는 얼마 남지 않은 임기 중에 한국의 핵심 산업을 위협하는 방법으로 협상에서 우위에 서고자 했던 것이 확실하다.

아베의 예상대로라면, 한국은 반도체 산업의 피해가 가중되면 될 수록 일본에게 수출 규제를 풀어줄 것을 요구하면서 대법원 판결, 후쿠시마 수산물의 수입 개방과 관련한 문제를 협상하자고 다급하게 제안했어야 했다. 하지만 한국은 오히려 '한일 군사정보포괄보호협정'인 지소미아^{GSOMIA}를 연장하지 않기로 결정했다. 게다가 한국에서는 불매운동이 들불처럼 일어났고, 일부 한국 내 일본 기업의 제품은 판매율이 급감했으며, 몇몇 매장은 결국 문을 닫았다. 또한 우리가 일본으로의 여행도 자제한 결과 한국과 일본을 오가는 항공편 운행이 아예 중단되거나 축소되었다.

아베는 과거 어디쯤의 한국을 기억하고 있는 것일까. 한국은 더 이상 과거의 한국이 아니다. 1960년대 일본에게서 차관을 들여오고, 일본에서 사들여온 것으로 경제를 꾸려가던 한국이 아닐뿐더러 현재는 세계 첨단 산업인 반도체 디스플레이 부문에서 이미 일본을 넘어 세계 1위를 차지하는 나라가 됐다.

이제, 수출 규제라는 아베의 일격은 2019년의 한국에게 '소재산업의 독립'의 기회가 되었다. 일본에 의존했던 소재 부품의 수입은 언제나 대일 무역 적자라는 큰 짐을 우리 경제에 지워주곤 했지만 앞으로 무역 적자 문제를 해결하고, 일본의 위협에 굴복하지 않기 위해 부품 소재 산업을 육성하여 경제 독립을 이루어야 할 때다.

8.2.
아베 그리고
일본의 실패 시나리오

일본 수출규제 조치의 실패

일본이 2019년 7월 '수출강화조치'를 전격적으로 발표하기 이전에 이미 한 차례의 대 한국 수출을 금지했던 사실이 있었다. 2018년 11월 경 일본 정부가 승인을 거절하여 불산이 한국으로 수입이 되지 않았던 것이다. 불산은 일본의 스텔라, 모리타 등 일부 기업이 사실상 독점적으로 생산하고 있다. 이 당시 일본이 수출 승인을 하지 않았던 이유에 대해서는 밝혀진 바가 없다. 법령의 변경도 없었고, 행정상의 오류도 없었다. 이것이 단지, 서류상의 미비로 벌어진 일일까?

불산 수출 승인이 나지 않자 우리나라의 반도체 관련 기업들은 일제 강제 동원 피해자에 대한 대법원의 배상 판결이 그 원인이라고 짐작했다. 시기상 일본이 대법원 판결에 대한 대응 조치라고 볼 수밖에 없었다. 일부 언론에서는 정부가 반도체 공정에서 사용되는 가장 중요한 소재 중 하나인 '불산'이 수입되지 않는 사태가 발생했는데도 적절한 대응을 하지 않았다는 점을 지적했다.

2019년 7월 4일, 언론의 지적에 대한 정부의 공식적인 답변은 '일본의 불산 수출 일시 중단 사태 이후 관련 업계와 긴밀한 공조를 통해 불산 관련 수입 모니터링, 불산 생산 시설의 확대, 일본 이외의 수입선 전환 등의 대책을 검토, 추진'해 왔다는 것이다.[86] 사실, 2018년 5월부터 이미 불산 수급이 불안정했다. 중국의 환경 규제를 원인으로 불산의 원재료인 형석의 생산이 감소했고 이어 일본이 불화수소의 수출 승인을 하지 않았기 때문에 그 당시 한국 기업들이 당황했던 것은 사실이다.

대응을 위해 최선을 다 했다는 정부의 답변에도 불구하고, 일본이 2018년 11월에 불산 수출을 승인하지 않았던 것에 대해 일본 정부의 공식적인 답변을 요구하는 등의 구체적 조사나 대응은 없었고, 일시적인 오류였다고 판단했던 것은 아닌가 생각된다. 불산의 수급이 원활하지 않았던 상황에서 일본의 불산 수출이 지연된 점은 반도체 생산 기업에게는 중대한 일임에 분명했다.

2018년 11월의 일시적인 불산 수출의 지연과 그 해 3월 일본 정부가 발간한 보고서 등을 보면, 이미 일본은 한국의 수출 규제를 치밀하게 준비했다는 것이 명백해진다. 일본의 과학기술진흥원이 경제산업성 관료 등 170명을

동원하여 일본의 부품 소재 산업과 경쟁력에 대해 전수 조사를 했고 2019년 3월에 보고서를 발간했다. 이때 반도체용 포토레지스트와 고순도 불화수소도 조사 대상에 포함되었다.[87] 이후, 불산에 대해 수출 승인을 하지 않았다.

일본은 이미 한국과 자국의 반도체 관련 조사를 통해 수출 규제 품목을 선정할 때 특별한 기준을 세운 것으로 보인다. 한국의 일본 수입의존도가 높고, 단기간에 대체가 불가능하며, 한국의 첨단 산업에 미치는 영향이 즉각적으로 큰 품목을 선정했다. 그리고 수출이 규제되는 경우 일본 내 산업에 큰 타격을 주지 않는 품목을 기준으로 선정되었다.[88] 일본은 한국의 반도체 산업을 치밀하게 조사하고 정조준한 것이 분명하다.

일본의 의도가 아직까지는 들어맞고 있다. 한국의 기업들은 해당 품목에 대해 다른 수입선을 찾기 위해 노력하고, 일부 기업은 반도체 공장 설비 투자를 연기하고, 감산을 결정하기도 했다. 또한 구미 산단의 1,000여 개의 중소기업들의 피해가 예상된다. 또한 정부와 연구기관에서는 일본의 이러한 조치를 분석하고 대비하기 위해 노력하고 있다.

중일 희토류 분쟁과 일본의 수출규제 조치

2010년. 중국은 댜오위댜오^{일본명} 센카쿠 열도와 관련하여 일본과 영토 분쟁을 벌이고 있었다. 댜오위댜오에 중국배가 무단 침입했고 일본은 중국인 선장을 구속 억류했다. 그러자 중국은 일본을 상대로 '희토류$^{rare\ earth}$'의 수출을 금지하는 결정을 내렸다. 중국의 항의와 여러 조치에도 꿈쩍하지 않았던 일본은 중국의 수출 금지 결정에 즉각 선장을 석방했다. 그러자 일본 내에서 '굴욕외교'라는 비난이 거세게 일었다.

희토류는 화학적, 전기적, 발광적, 열적 성질을 가지고 있어서 전기, 하이브리드 자동차, 풍력발전 등 다양한 소재로 사용될 뿐만 아니라 IT산업에도 필수불가결의 소재다. '산업의 비타민'으로 불리는 희토류는 대체재가 없어서 중국이 수출을 금지하는 결정을 내리는 것은 바로 일본의 첨단 산업에 직격탄을 맞는 것과 다름없는 일이었다. 당시 중국은 희토류 수출쿼터를 40%까지 감소시켰고 국제 희토류 가격은 최대 16배까지 치솟았다.

결국, 2012년 일본은 중국의 희토류 수출금지에 대해 WTO에 제소했다.[89] 분쟁의 결과는 중국이 패널과 상소기구에서 모두 패소했지만, 일본의 충격은 가히 짐작할 만하다. 그 후, 일본은 90%가 넘었던 희토류의 대 중국 의존도를 2014년에 49.3%까지 줄였다. 또한 전 세계 25%의 희토류를 수입하고 있는 일본은 대체 기술의 개발에 120억 엔, 광물 개발에 460억 엔을 지원하는 등 중국의 자원 무기화에 적극적으로 대응했다.[90]

희토류를 무기로 중국이 일본을 위협했던 것이 2010년의 일이다. 이때 '자원의 무기화'에 대해 중국을 그토록 비난했던 일본은, 굴욕외교로 비난 받았던 그때의 기억을 되살려 이번에는 부품 소재의 무기화로 한국을 위협하고 있다.

희토류 분쟁에서 중국은 WTO패널과 상소기구에서 패소했고, 그 이후 무기화하려는 시도를 하지 못하고 있다. 왜냐하면 수출 통제에도 불구하고 중국의 희토류 관련 기업들은 밀수출을 해서라도 그들의 이익을 위해 움직이고 있기 때문이다. 또한 일본뿐만 아니라 중국의 희토류 수출금지로 끔찍한 피해를 본 미국 등의 여러 국가들은 기술 개발, 원료의 대체사용 등에 주력하고 있어서 더 이상 효과가 없기 때문이다.

중국 희토류의 무기화의 결과와 마찬가지로 일본의 수출 규제 조치가 실패할 수밖에 없는 이유가 있다. 단기적인 해결책으로 한국 기업은 이미 수입선의 다변화를 통해 대응하고 있고, 장기적인 측면에서 부품 소재 산업의 국내 관련 기업의 육성, 지원을 통해 국내 기업들로부터 안정적으로 공급받을 수만 있다면 일본이 또다시 부품 소재의 수출 규제라는 통상을 무기화하여 국내 반도체 산업을 위협할 수 없을 것이다.

여기서 한 가지 더 살펴볼 것은, WTO에서 중국의 수출 규제가 관련 협정 위반이라고 판정한 것이다. 일본은 중국이 자원을 무기화한 것에 착안해서 한국을 대상으로 반도체 핵심 소재 부품의 수출을 규제했지만, 중국의 희토류 수출 규제가 명백한 WTO 협정 위반으로 판정 내려졌다는 것은 간과했다.

일본은 수출 규제로 당장 얻을 수 있는 것이 많을 것이라고 예상했겠으나, 장기적인 관점에서 본다면 일본 스스로 2년 안에 희토류 관련 기술을 개발하여 대 중국 의존도를 극복할 수 있었던 것처럼 한국도 관련 산업의 대일 의존도를 분명히 낮출 수 있다는 점이다. 또한 WTO 제소에서도 중국이 패소한 것처럼 일본이 결코 유리하지 않을 것이라는 점 또한 간과한 것이 분명하다.

이 무역 규제 조치가 한국에게만 악영향을 주는 것일까. 실질적으로 수출을 규제하는 경우 일본의 수출 기업에 영향을 주지 않을 수 없다. 즉, 수출을 하지 못하게 되면 기업의 수익은 악화되는 것은 당연하다. 또한 고순도 불화수소의 경우는 생산 후 4개월 이내에 소비가 되지 않으면 그 품질에 문제가 발생한다고 알려져 있다.

이제 일본이 수출 규제를 시작한 지 2개월 앞으로 2개월 후, 일본의 소재부품 관련 기업들의 재고량이 어떻게든 소비되지 않는다면 일본 기업의 수익 악화도 가시적으로 나타날 것이다. 이미 일본의 수출 기업들 중 일부는 인천 공장에서 증산하는 방안을 검토 중이거나, 중국에서 생산하여 한국으로 수출할 계획을 밝히기도 했다. 일본은 2019년 7월 수출 규제 시행을 결정한 이후, 8월 30일에 고순도불화수소의 수출을 처음으로 승인했다. 하지만 이미 한국 기업들은 중국이나 다른 국가의 불화수소에 대한 테스트를 진행 중이라고 알려졌다.

아베가 수출 금지 조치가 아닌 수출 강화 조치라고 못 박은 것은 실제 수출을 규제하겠다는 의도도 분명히 있었지만, 앞으로도 일본의 뜻에 따르지 않으면 언제라도 한국의 산업에 영향을 줄 수 있는 방법으로서 '무역을 무기화'하겠다는 의미이다.

중요한 것은 실제 수입이 되지 않는 것보다 우리 경제와 산업에 줄 수 있는 '불확실성'과 불안감을 한국에 심어주고 그것을 이용하겠다는 일본의 의도이다. 하지만 결국 아베 그리고 일본의 수출 규제는 그 목적을 달성하지 못할 것이 분명하다.

8.3.
아베노믹스의
실패

아베노믹스는 과연 성공일까? 아베 내각의 경제 정책으로 강력한 '패키지정책', '아베가 쏘아올린 3개의 화살' 등 화려한 수식어에 걸맞게 과연 성공이라고 볼 수 있을까. 상황은 변했고, 그것에 대한 대답은 'NO'이다.

현재 중국과 미국의 무역전쟁은 점입가경이다. 미국은 중국을 1994년 이후 25년 만에 '환율조작국'으로 지정했고, 1년의 경과를 지켜본 이후, 그래도 중국 위안화가 미국이 원하는 만큼 변동되지 않는다면 대 중국 투자를 제한하는 등의 강력한 조치를 내릴 것이 분명하다. 이러한 상황에서 일본의 아베노믹스에서 가장 강력하게 밀어붙였던 엔저 정책은 강하게 위협받고 있다.

일본의 경제는 내수 침체, 만성적인 국가 재정 적자, 심각한 국가 부채 규모 이 세 가지가 동시에 해결되지 않고서 침체에서 벗어날 수 없다. 아베는 '아베노믹스'라는 경제 정책 중 하나로 미국의 양적 완화에 버금가는 정도의 양적 금융 완화 정책을 실시해왔고, 그것을 통해 엔저 정책을 유지할 수 있었다. 하지만 미중 무역전쟁으로 환율이 요동치고, 상대적으로 엔화가 안전 자산이라는 판단 하에 엔화를 사들이면서 엔고 압력이 나타나고 있다.

엔고 현상은 일본의 수출 기업 실적에 악영향을 미치게 되고 그러한 대기업의 실적 악화는 당연히 중소기업의 수익에도 큰 영향을 미친다. 여기에 10월로 예정되어 있는 일본의 소비세가 10% 수준까지 오르게 되면 일본 경제의 '침체에서 벗어나는 분위기'가 급속하게 냉각될 수 있다.

아직까시는 일본의 경제가 잃어버린 10년에서 조금씩 벗어나고 있다고 하지만, 미국이 중국과의 무역전쟁을 극적으로 타결하지 못하고 장기화된다면, 그 다음 타깃은 일본이 될 수 있다. 왜냐하면 일본은 엔고 현상을 개선하기 위해 계속적으로 양적 완화 정책을 유지해야 하는데 만성적으로 일본에 무역 적자를 기록하는 미국의 입장에서는 중국과 마찬가지로 일본을 환율조작국으로 지정할 가능성도 열려 있기 때문이다. 물론 미국과의 무역 협상에서 일본은 많은 것을 내어주고 있는 상황이지만 대선을 앞둔 트럼프는 언제든 일본을 향해 그 칼끝을 들이밀 가능성도 배제할 수 없다.

일본의 경제는 선순환이 이루어지지 않는 것이 가장 큰 문제이다. 즉, 고용은 증가했지만 결국 임금 상승으로 이어지지 않고 적정 목표치로서의 2% 물가 상승률은 아베가 원하는 만큼 오르지 않는 상황이다. 이것은 일본 노동시장 고유의 특징과도 연결된다. 우선 기업은 이윤을 창출해야 하는 가장 큰 목적 하에서 움직인다. 고용을 늘리긴 했지만, 그 형태가 비정규직, 파트타임 형태의 근무가 많고 일본 국민들은 임금을 올려 받기보다 적당한 수준에서 받는 것을 당연하게 받아들인다. 임금이 오르고 소비가 증가함으로써 내수 진작을 목표로 하는 아베로선 도저히 해결할 수 없는 문제 중 하나다.

내수 진작이 힘들다면, 수출 기업의 수익을 증진시키는 것이 더 중요한 목표가 될 것이다. 일본이 한국을 대상으로 수출 규제를 시행한 것의 이면에는, 일본의 반도체 산업을 다시 부흥시키겠다는 의도가 있다. 1970년 전 세계 시장을 장악했던 미국에 이어 1980년대 일본은 자국의 반도체 산업의 수직 계열화를 통해 미국을 넘어섰다.

수직계열화는 장비, 소재 등 반도체의 모든 공정을 자국 기업들이 협력 생산하는 것을 말한다. 하지만 1990년대 한국의 등장은 일본에게 '반도체 패전', '대붕괴'의 쓰라린 경험을 안겨주었다. 거기에 일본이 반도체 산업에 보조금을 지급한 것에 대해 미국이 WTO에 제소했고, 일본은 패소했다. 그 이후 일본의 반도체 기업들이 줄줄이 무너졌고 아직까지 한국의 반도체 산업의 독주를 지켜보고만 있는 상황이다.

엔화가 막대하게 풀리면서 그 자금으로 일본 기업은 반도체 공장을 세우고, 관련 기업의 인수합병 등 투자가 활발하게 진행되고 있다. 하지만 수출 규제로 덕을 보는 것은 일본도, 한국도 아닌 한국의 경쟁국인 중국이다. 한국의 D램 독주를 막기 위해 수출 규제를 시행한 것은 일본이 스스로 무덤을 판

것이나 다름없다. 한국의 세계 시장 점유율을 떨어뜨리고 부품 소재를 수출하지 않는다고 해서 한국 기업이 흔들릴 상황도 아닐뿐더러, 일본의 부품 소재를 수출할 수 있는 기업은 한국을 제외하고서는 마땅히 찾을 수 없기 때문이다.[91] 일본의 이러한 판단과 결정은 장기적으로 볼 때, 결국 일본 기업의 수출 하락과 수익 악화로 이어질 것이 분명하다

또 한 가지, 아베는 지역 경제 발전을 가장 중요하게 보고 후쿠시마 등 일본의 동북지역의 부흥을 가장 최우선으로 해결하고자 한다. 후쿠시마 문제들은 여전히 갈 길이 바쁜 아베의 발목을 잡고, 수산물 수출 등으로 국가 재정의 투입 없이도 자력으로 살아날 방법을 강구하고 있다.

하지만 한국은 후쿠시마산 수산물의 수입 금지 조치를 했고 WTO의 관련 분쟁에서도 승소했다. 또한 일본의 자의적인 조치에 분노한 한국은 일본의 시골로 가던 여행의 발길을 딱 끊어버렸다. 벌써부터 지방 소멸리스트를 작성하며 위기라고 판단했던 지역 경제의 악화는 소도시와 지방을 표밭으로 하는 자민당 그리고 아베의 위기로 다가올 것이 분명하다. 아베는 정확한 목표를 정하고 강력한 정책을 펴나갔지만 상황은 변했고 더 많은 문제를 해결해야 한다. 결론적으로 아직까지 일본은 잃어버린 10년에서 벗어나기엔 역부족이다.

8.4.
WTO 제소,
우리의 승소 가능성은 얼마나 될까

한국 정부는 일본의 수출 규제 조치가 한국 경제를 위협하는 무역 규제 조치, 무역 장벽의 수단으로 판단하고 조속한 시일 내에 WTO에 제소하겠다는 방침을 세운 것으로 알려졌다. 한국은 이미 일본과의 WTO 분쟁에서 거의 대부분 승소했다.

WTO DSB의 패널 심리 과정에서 일본의 요구로 협상을 통해 해결한 한국산 김 수출에 대한 일본의 수입쿼터제 분쟁과 한국 D램의 상계관세 부과에 대한 일본의 제소가 모두 승소 결과와 마찬가지로 우리나라가 원하는 방향으로 분쟁이 해결되었다. 한국산 D램의 경우 패소한 일본이 패널의 판정 결과를 이행하지 않자 우리 정부가 다시금 이행에 관련된 패널을 요청했고, 패널이 설치되기 이전에 한국 D램에 부과하던 상계관세를 즉시 철폐하여 분쟁이 종결되었다. 결국 한국은 일본과의 분쟁에서 절대적 우위에 있었다.

　최근 후쿠시마 수산물에 대한 일본의 WTO 제소는 그야말로 이길 수 없다고 생각했던 분쟁에서 승소한 경우다. SPS협정은 과거 패널의 기준이 자유무역, 공정무역이 가장 중요했고 자국 국민의 안전, 건강을 위한 조치가 일부 타당할지라도 '과학적 증거'의 인정 유무에 따라 무역이 얼마나 제한되었는가를 기준으로 판정했다. 하지만 이번 후쿠시마 수산물 분쟁에서 패널의 판정은 기존 입장을 따랐지만, 상소기구에서는 회원국의 조치가 자국 국민의 건강과 안전을 위해 얼마나 타당했는지 검토했고, 그 결과 한국의 완승이었다. 일본은 그 이후, WTO 체제를 비판하는 미국 트럼프에 가세하여 WTO DSB 즉, 분쟁해결기구의 판정이나 체제의 문제점을 지적하면서 공정한 국제기구를 흔들고 있다.

　과연, 한국이 수출 규제와 관련한 이슈로 WTO에 일본을 제소하면 승소할 수 있을까? 이 대답은 당연히 'YES'이다. 물론 패널의 심리 과정에서 우리 정부가 얼마나 치밀한 준비를 하였는가, 또는 서면으로 제출하는 증거가 얼마나 타당한가의 여부가 중요하겠지만, SPS협정과 관련된 후쿠시마 수산물 분쟁처럼 과학적 기준과 여러 복잡한 증거의 판단보다는 관련 GATT 조항과 얼마나 합치하는가, 또는 위반하고 있는가에 대한 판단이라는 점에서 일본의 수출 규제에 대한 패널 판정은 그리 복잡하지 않을 수 있다.

　일본과 중국의 희토류 분쟁에서 중국의 수출 규제가 WTO 패널과 상소기구에서 완벽하게 관련 조항을 위반했다고 판정했다. 이때 관련 조항은 GATT 제11조 제1항 '수량 제한의 일반적 철폐'이다. 이 분쟁의 패널은 중국의 희토류의 수출 규제가 동 조항을 위반하였다고 결정했다. 즉, 중국이 보완적 근거로 제시했던 GATT 제20조(g)의 일반적 예외 중에서 '고갈 가능한 천연자원의 보호'에 대해 입증하지 못했던 것이다. 따라서 수출쿼터 등의 조치는 수출과 수입 시 수량을 제한하는 것을 금지하는 동 조항의 위반이라고 판정했고, 상소기구 또한 중국의 패소를 확정지었다.

일본의 수출 규제는 중국의 희토류 수출 금지 조치와 많이 닮아 있다. 즉, 자의적인 판단으로 수출을 제한하는 경우는 확실하게 관련 GATT 조항을 위반하는 것이고, 일본은 앞에서 살펴본 바와 같이 패소 가능성이 높다.

일본은 최근 내년 정부 예산에서 외무성 예산을 올 해보다 8.7% 증가한 7,939억 엔으로 책정했는데, 이 가운데 WTO 관련 예산이 포함되어 있다. 2억 5,000만 엔약 28억 7,000만 원이 WTO 분쟁 해결과 관련된 비용으로 대폭 늘어났다. 이것은 올해보다 약 1억 2,000만 엔이 증가한 규모이다.[92]

한국과 WTO에서 다투고 있는 무역 관련 분쟁은 얼마 전 한국의 승소로 끝난 후쿠시마 수산물 분쟁 이외에도 '일본산 스테인리스 스틸바의 반덤핑관세 부과'와 '한국의 상업용 조선 산업의 지원조치' 이 두 가지가 현재 분쟁 해결 절차가 진행 중이다. 일본의 내년 WTO 관련 예산 증가는 이미 한국과의 WTO 분쟁에서 일본의 불리함을 인지하고 있으며 그렇기 때문에 더 적극적으로 대응하기 위한 것이라 할 수 있다.

한국 정부는 일본의 수출 규제로 한국의 반도체 산업에 큰 피해가 예상되는 만큼 적극적으로 WTO 제소를 통해 분쟁을 해결해야 한다. 일본의 최근 WTO 제소의 경향은 과거 자유무역과 공정무역을 지지하는 입장에서 방향을 바꿔 무역 분쟁이 발생하면 적극적인 WTO 제소로 대응한다는 것을 시사하고 있다. 이러한 점에서 이미 후쿠시마 수산물 분쟁은 한국에 패소가 확정되었지만 일본은 판정의 근거로 제시되었던 4개의 GATT와 SPS협정의 관련 조항 이외의 다른 조항을 들어 다시 후쿠시마 수산물의 수입 금지 조치에 대해 한국을 WTO에 또다시 제소할 가능성도 배제할 수 없다.

물론, 현재 알려진 바와 같이 트럼프 행정부와 일본의 WTO 흔들기로 인하여 DSB의 체제가 효율적으로 운영되지 못하고 있다. 한국과 일본의 분쟁에서 가장 문제점으로 지적되는 것은 판정이 내려지기까지의 시간인데, 미국이 상소기구의 위원을 승인하지 않고 있고, 일본도 상소기구의 판정에 대해 불만을 제기하고 있다는 점에서 WTO 제소가 협정에서 제시하고 있는 시간 안에 해결되기는 힘들어 보인다.

현재 일본의 한국을 대상으로 하고 있는 무역 규제는 생각보다 더 강화되지 않고 있다. 한국이 화이트리스트에서 제외된 만큼 캐치올 규제를 받는 품목은 1,000여 개에 달한다. 하지만 화이트리스트 제외가 확실해진 8월 28일 이후 일본은 한국의 대법원 판결, 강제동원 피해자 문제에 대해 언급할 뿐 무역 규제 조치를 더욱 확장시키진 않고 있다. 일본은 수출 규제에 대해 한국의 의연한 대처, 우리나라 국민들의 확고한 불매운동으로 인한 지역 경제의 악영향으로 인하여 당황하는 것으로 보인다.

과연 한국이 일본을 WTO에 제소하면 일본은 어떻게 반응할까? 앞에서 살펴본, 한국산 '김'에 부과하는 쿼터제 관련 분쟁, 그리고 D램의 상계관세 부과 때처럼 일본은 오히려 한국이 어서 WTO에 제소하길 바라고 있을지도 모른다.

WTO에 제소하기로 결정하게 되면 한국은 일본에 양자 협의를 의무적으로 통보하고 일정 기간 안에 협의를 해야 한다. 협의 과정에서 합의가 이루어지지 않으면 한국은 제소국의 자격으로 패널을 설치해달라는 요청서를 내고 패널이 설치되면 본격적으로 두 나라의 분쟁 해결 절차가 진행된다.

한국의 수출품인 김에 부과하는 일본의 쿼터제는 WTO에서 금지하고 있기 때문에 만약 한국이 상소기구까지 가서 승소 판정을 받게 되면 일본은 지금까지 쿼터제를 유지할 수 없었을 것이다. 협의로 분쟁을 종결시킴으로써 자의적인 규정을 현재까지 유지하면서 무역 장벽으로 이용할 수 있었다.

수출 규제가 일본의 법률에 의거한 '수출강화조치'이지만, 실질적으로 수출을 규제하여 자국의 산업을 보호하고 육성할 목적으로 사용되고, 경제 외적인 측면에서의 문제 즉, 한국과 일본의 역사 문제와 아베 정부의 정치적 목적을 위해 무역을 무기화했다는 측면에서 분명히 일본의 패소 판정이 내려지게 되면 해당 조치들을 취하하거나 적절한 방법으로 개선해야 한다. 따라서 일본은 WTO DSB에서 전력을 다해 한국과 싸우려는 것보다 패널 설치 이후 일본이 가장 합리적이라고 판단되는 단계에서 한국에 협상을 제안하고, 지금

현재 벌어지는 문제에 대해 일본이 굴욕적이지 않고, 아베가 정치적으로 타격을 입지 않는 선에서 협상을 제안할 가능성도 있다.

일본의 선택이 어떤 것이든 간에 분명한 것은, 중국의 희토류 무기화에 대한 WTO 판정과 같이 일본의 수출 규제에 대한 WTO 판정은 분명히 일본의 관련 GATT, WTO 협정 조항의 위반이라고 판정될 가능성이 높다. 한국은 일본의 협상 제안에 적절히 대응하는 것도 좋은 방법이겠으나 우리 경제를 '불확실성'으로 흔들지 못하도록 강력하게 대응하면서 WTO의 패널과 상소기구의 판정을 구하는 것이 무엇보다 중요하다고 생각한다.

8.5.
우리의
필승 시나리오

불매운동은 아베노믹스를 정조준했다

2019년 7월과 8월 한국은 일본으로부터 전혀 예상하지 못했던 일격을 당했다. 일본의 수출 규제는 반도체 산업과 정부 그리고 국민들까지 모두를 혼란스럽게 만들었다. 부품 소재가 일본으로부터 수입되지 않게 되면 한국의 반도체 산업에 타격을 준다는 사실에 대해 모두가 확실하게 인지할 수 있는 기회였다. 뿐만 아니라 반도체의 종류와 일본이 왜 그런 조치를 했는가, 일제 강제동원 피해자의 대법원 판결 등에 대해 모든 관심이 집중되었다. 한국 정부가 지소미아 연장을 하지 않게 되는 배경, 미국과 중국의 무역전쟁 등 짧은 시간에 너무나 많은 문제들이 동시에 한국을 뒤덮었다.

이 상황에서 한국의 국민들은 분노했다. 역사의 죄인으로서, 전범국가로서 일본의 아베가 책임을 회피하고 사죄하지 않는 모습, 그리고 그것에 대한 협상카드로 수출 규제를 시행하는 모습 등 모두 이제까지 일본뿐만 아니라 전 세계와 협력하고 상생하는 것을 옳다고 믿었던 한국 국민들에게 일본은 배신감을 넘어서 분노를 느끼게 했다.

이 상황에서 우리나라 국민들은 자발적으로 일본 기업의 제품을 불매하기 시작했다. 게다가 여름 휴가철에도 일본으로의 여행을 자제하고 SNS를 통해 일본 제품 불매운동에 대해 모두가 힘을 모으기 시작했다. 일본 불매운동과 관련된 슬로건도 많이 보이기 시작했다. 'NO JAPAN', '보이콧 재팬Boycott Japan', '가지 않습니다, 사지 않습니다' 등이다.

우리나라 국민들의 불매운동은 과연 얼마나 효과가 있는 것일까. 불매운동의 효과를 살펴보려면 이러한 우리 국민들의 대응이 얼마나 경제적 효과가 있는 것인지 살펴보아야 한다. 단언컨대 일본 경제 정책의 큰 맥락에서 수출 규제 조치를 다시 검토해야 할 만큼 효과적이라고 말하고 싶다. 왜냐하면 일본 제품에 대해, 일본에 대해 불매운동이 이렇게 지속적으로 유지되는 것이 아베가 일본 경제를 되살리려는 '아베노믹스'를 정조준했기 때문이다.

일본 경제가 침체일로에 있다는 것은 이미 앞에서 제시한 많은 자료로 알 수 있다. 또한 아베의 자민당은 대도시보다 소도시, 시골 등 지방의 지지 세력이 압도적이다. 아베는 수차례 후쿠시마 지역을 포함한 일본의 동북지역의 부흥을 최우선으로 삼는다고 발언했다. 올림픽을 유치하고 후쿠시마 수산물의 수출을 위해 아시아 국가들에게 압력을 넣는 등 자신의 지지 세력을 유지하기 위하여 많은 노력을 하고 있다. 사실 일본은 현재 '지방 소멸'[93] 리스트가 있을 만큼 작은 도시의 인구 감소와 지역 경제의 침체가 심각한 문제로 대두되고 있다.

인구 감소는 곧 일본의 내수 침체에 큰 영향을 미치고, 지방 경제의 몰락은 젊은이들을 대도시로 이주하게 만들고 남은 거주지는 빈집으로 변해갈 뿐만 아니라 급속도로 늘어나고 있다. 결국 병원이나 시장 등의 기본적인 편의 시설이 사라져감에 따라 그 지역에서의 생활 자체가 힘들어지게 된다. 이러한 상황은 이주가 힘든 노령 인구의 생존마저 위협하고 있다. 일본은 이러한 사회 문제 해결은 반드시 경제가 해결하지 않으면 더욱 심각해진다는 사실을 너무나 잘 알고 있다.

일본 경제를 살펴보면서, 올림픽 유치로 인하여 최근 부동산 투자와 외국 관광객의 증가가 유의미하게 일본 경제에 좋은 영향을 주었다고 분석했는데 바로 이 시점에서 일본이 수출 규제를 시행했고 그 영향으로 불매운동이 일어나면서 한일 항공 노선은 줄거나 없어졌고, 관광 산업으로 유지되었던 일본의 지방 경제는 초토화된 지역이 생기기 시작했다.

대형 마트나 편의점에서 쉽게 살 수 있었던 일본 맥주. 2009년까지 우리나라에서 맥주 수입 1위는 미국이었다. 하지만 일본이 미국을 밀어내고 1위를 차지한 이후 현재까지 10년간 부동의 1위였다. 올해 상반기만 해도 일본 맥주 수입액은 3,479만 6,000달러로 중국, 벨기에와 미국을 크게 압도했을 뿐만 아니라 월별 수입액도 1위를 유지했다. 그러나 상황이 달라졌다. 관세청 자료에 의하면 2019년 8월 1일에서 10일 동안의 일본 맥주 수입 현황은 작년 동기에 비해 98.8% 급감했고, 790만 4,000달러였던 6월의 수입액에 비해 7월 434만 2,000달러로 맥주 수입액은 불과 한 달 만에 절반 가까이 감소했다. 결국 일본 맥주는 10년간 자치했던 부동의 1위 자리에서 3위로 밀려났다.[94]

일본 제품의 수입 관련 자료를 살펴보면, 지난 달 일본산 소비재의 수입은 약 29억 달러로 전년 동기의 33억 달러와 비교하여 볼 때 13.8%가 감소했다. 또한 6월과 비교하면 7월의 일본산 소비재 수입은 5.8%가 감소한 것으로 나타났다. 수입 감소를 품목별로 보면 승용차는 97.2%, 골프채는 38.1%, 맥주 34.6% 등으로 나타났고, 볼펜, 낚시용품, 완구류가 20% 내외의 폭으로 감소했다. 또한 오토바이는 76.3%, 미용기기는 65.9%로 감소폭이 큰 것으로 나타났다. 소비자들의 일본 제품 불매는 곧 수입 감소로 이어졌다는 것을 알 수 있다.[95]

수입 감소폭이 가장 큰 일본 자동차의 판매는 한 달 동안 판매가 30% 감소했고, 지난해와 비교할 때 17.2%가 감소했다. 브랜드별로 보면, 도요타 37.5%, 혼다 41.4%, 닛산 21.7%의 감소폭을 보였다.[96]

맥주와 기타 소비재의 수입이 줄었지만 가장 놀라운 것은 의류 부문이다. 일본 제품 중 대표적인 SPA 브랜드 유니클로의 카드 매출액은 6월 마지막 주 59억 4,000만 원에서 7월 넷째 주 기준 17억 7,000만 원으로 70%가 감소했다. 오프라인 매출은 7월 한 달 동안 전년 대비 20% 정도 떨어졌고 카드 결제는 6월에 비하여 50% 줄었다. 게다가 지난 8월 초에는 종로 3가에 위치한 유니클로 오프라인 매장이 폐점했다. 2009년 10월에 오픈한 이래로 브랜드를 상징하는 매장으로 지난 10년 동안 자리를 지켰지만 결국 폐점 절차를 밟았다. 유니클로의 주장은 단지 계약 만료에 의한 폐점이라고 주장했지만, 불매운동과 무관하지 않은 것으로 보인다. [97]

한국 소비자의 불매운동은 생활에서 일본 제품이라고 알려지지 않았던 제품까지 그 영향을 미치고 있다. 일본계 생활용품업체의 제품으로 알려진 주방 세제와 세탁 세제 등도 매출이 약 30% 정도 감소했고, 충성도가 높은 것으로 알려진 육아용품에서도 일본산 제품은 판매가 줄고 있다.[98]

일본의 언론인 아사히신문은 2019년 8월 28일 한일 관계 악화로 인한 일본과 기업의 영향에 대해 보도했다. 이에 따르면, 한 마디로 "강렬한 역풍이 분다"로 표현한, 한국의 불매운동으로 규슈 지역이 받는 영향이 얼마나 심각한지 알 수 있다. 한국이 일본으로의 여행을 자제하면서 후쿠오카시 하카타 항구와 부산을 잇는 JR 규슈의 고속선 노선이 전년 대비 70%가 줄었다. 또한 벳부, 유후인 등의 온천 호텔은 지난봄과 비교할 때 50~60%의 한국인 예약이 감소한 호텔이 있었으며 홋카이도 삿포로시의 여행객이 감소하면서 단체 관광 신규 예약이 없고 1,600명의 10월 예약도 취소되었다고 보도했다.[99]

도쿄, 오사카, 오키나와. 후쿠오카 등의 주요 4대 관광지에서 사용한 카드 매출액도 6월 마지막 주 164억 8,000만 원에서 7월 넷째주의 매출액은 133억 8,000만 원으로 19% 감소했다. 소비자의 이러한 불매운동 영향으로 온라인 몰과 홈쇼핑에서 일본 여행 상품의 판매도 감소하거나 중단되고 있다.[100] 7~8월의 에어텔과 호텔 판매는 약 50%가 감소했고, 일본 패키지여행 상품의 판매는 49% 감소했다. 또한 여행업계의 9월 일본 여행 상품의 판매는 90%로 급감했고, 일본 노선의 항공권 예약률은 약 80% 감소한 것으로 나타났다. 일본 노선의 예약률의 급감은 결국 항공 노선의 감소와 중단으로 나타나고 있다.[101]

한국 국민들의 불매운동에 대해 일본의 기업 관계자들은 '한국의 불매운동이 오래 갈 리가 없다', '한국은 원래 금방 뜨거워지고 금방 식는 나라' 등의 발언을 했고, 한 화장품 업체의 혐한 발언은 한국에 대한 일부의 인식을 가감없이 보여주고 있다. 하지만 곧 그들의 사과가 이어졌는데, 그것은 불매운동이 지속적으로 이루어지는 것, 그래서 한국 내 일본 기업의 매출 감소로 이어지는 것에 대한 두려움이 즉각적인 사과로 이어진 것이다.

과거의 한국 경제가 발전을 위해 각고의 노력을 하던 시절과 지금은 다르다. 일본산 제품이 품질이 좋아서 어쩔 수 없이 선택해야 하는 것도, 일본의 제품을 대체할 다른 물건이 없는 것도 아닌 상황에서 한국의 소비자들이 행하는 소비 주권의 힘은 일본 기업들의 수익과 매출의 급격한 감소로 이어지고 있다.

일본에 대한 불매운동이 운동으로서가 아니라 우리의 생활로 자리 잡는다면, 일본은 한국 국민들이 역사적, 정치적 문제에 대한 일본의 어처구니없는 대응을 강하게 비판하고 있다는 사실과 그들이 일으킨 경제전쟁이 얼마나 무모하고 부당한지 뼈저리게 느낄 수 있을 것이다.

한국의 지속적인 일본 불매운동은 결국 일본 지역 경제의 발전을 꾀하는 아베노믹스에 큰 영향을 미칠 것이고, 결국 일본이 역사의 문제, 정치 문제에서 올바른 방법으로 해결하는 것만이 무역 분쟁을 끝내고 두 나라가 협력으로 상생할 수 있는 유일한 방법이다.

합리적이고 지속적인 불매운동 - 시민단체와 정부지원

한국의 불매운동은 과거와 달리, 지속적으로 일본 기업에 영향을 주고 있다. 이제까지 어떤 문제에도 한국 국민들의 불매운동이 이토록 꾸준하게, 단결된 힘을 보여주지 못했었다. 소비자의 소비 주권을 행사하는 올바른 불매운동은 무엇일까. 아니, 올바르지 않은 불매운동이 있는 것일까.

현재 한국은 일본 제품의 불매운동이 그저 분노의 표출에서 발전하여 건강한 시민 의식의 표현으로 자리 잡아 가는 듯하다. 게다가 많은 시민단체, 노동자단체 등이 국민들의 불매운동을 지지하고 참여하고 있다. 이것이 시민들의 자발적인 참여, NGO라고 부르는 시민단체의 자발적 참여라면 전혀 문제가 없다.

NGO^{Non Government Organization}의 경우 말 그대로 어떠한 형태로든 정부의 영향을 받지 않는, 순수한 시민단체로서 일반 시민들의 기부로 운영되는 단체의 불매운동은 오히려 권장할 일이다. 하지만, 일부 시민단체는 과연 정부의 지원이라는 여러 형태의 보조금을 지급받고 있고, 그렇다면 이것은 문제가 될 수 있다.

2005년과 2008년 경, 전라북도와 경상남도 교육청의 일부 조례안이 GATT 조항 중 '내국민대우' 위반이라는 대법원 판결이 있었다. 전라북도와 경상남도 교육청은 조례안에서 학교 급식에 우리 농산물을 우선적으로 사용할 것을 결정했다. 사실 대법원 판결에서 학교 조례안의 GATT 규정의 위반을 따진 것이 아니라, 교육청에서 우리 농산물을 우선적으로 사용하는 학교에 특별히 지원을 하는 것이 내국민대우 조항을 위반했다고 판결한 것이다.[102]

앞에서 살펴본 GATT, WTO의 관련 협정은 모두 회원국 정부의 조치에 대해서 규제하고 있다. WTO 이전에 설립을 꾀했던 ITO는 정부의 조치뿐만 아니라 민간 기업의 조치와 환율이 무역을 왜곡한다는 점에서 규율하고자 했던 것은 이미 앞에서 언급했는데, WTO는 ITO의 기능에서 대폭 축소되어 정부의 특정 조치만을 그 대상으로 한다.

위의 우리 농산물을 학교 급식에 우선적으로 사용할 것과 관련된 대법원 판결은 사실 지나치게 WTO 체제와 GATT 조항을 확대해석한 면이 있다. 왜냐하면 실제로 우리가 우리의 법률, 조례 등에 자국의 농산물을 우선해서 사용하기로 결정했다고 해도, 한국에 농산물을 수출하는 외국 기업이 그 수출량이나 매출의 급격한 저하로 인하여 수익이 악화되어 WTO에 제소하는 경우에 실질적으로 문제가 되는 것이다. 즉, 정부의 조치가 다른 회원국, 그 나라의 기업들에게 피해를 주었을 경우 그때 적용되는 것이 WTO와 GATT 조항인 것이다. 자국의 조례가 WTO 협정을 위반하였다고 해서 우리나라 농산물을 우선적으로 사용할 수 없는 것도 아니고 그러한 조례가 나중에 실질적으로 문제가 된다면 그때 개정해도 늦지 않았을 것이다.

그렇다면 현재 일본의 불매운동과 연결하여 일부 시민단체, 그것도 정부로부터 지원을 받는 단체가 불매운동을 주도적으로 이끌고 있다면 어떤 결과를 가져올까. 분명히 위의 우리 농산물의 학교 급식 사용과 마찬가지로 '내국민대우' 위반의 가능성이 높다.

일본의 일부 기업이 한국 내 불매운동으로 인하여 심각한 피해가 발생하는 경우, GATT 내국민대우 위반으로 제소할 가능성이 있기 때문이다. 우리나라 국민의 자발적인 불매운동이 일부 정부 지원을 받는 시민단체의 주도로 보여지는 것은 분명 경계해야 할 일이다.

우리 국민들의 자발적 불매운동이 시민운동으로서 더욱 큰 결실을 맺기위해서는 불매운동을 지원하는 시민단체에 대한 적극적인 시민의 기부가 필요하고, 그 투명한 운영에 더 큰 관심을 기울일 필요가 있다. 또한 시민단체도 정부의 지원에 대해서 각별한 주의가 필요하다고 하겠다.

일본 내 비판적 여론의 대두

한국의 불매운동이 효과적이라는 또 하나의 반증은 일본 내에서 불매운동의 대상이 되는 기업과 수출 규제로 피해를 입을 것이 분명한 일본 기업, 그리고 일본 언론들의 비판적 여론이 나오기 시작했다는 것이다. 일본은 현재 아베의 정책에 대해 쉽게 자신들의 목소리를 내지 못한다는 비판이 있는 것이 사실이다. 하지만 최근 들어 한국의 불매운동으로 인하여 피해를 보는 일본 기업이 나타나고, 한국 관광객이 줄어 피해를 입는 일부 지역이 생겨나면서 아베의 수출 규제 정책에 대해 비판적 여론이 생기기 시작했다. '강렬한 역풍'이 분다고 언급했던 일본의 보도가 그 일례라고 할 수 있다.

일부 일본의 지식인들은 일본 정부의 수출 규제 조치가 부적절하다는 의견과 함께 일본 정부를 비난했다. 또한 일본의 주요 언론인 마이니치신문의 '수출 규제, 국익 없는 스트레스 해소'라는 제목의 칼럼에서 '자국의 수출규제는 일본의 국익에 도움이 되지 않는 스트레스 해소용'이라고 비판했다.[103] 우리나라 국민의 일본과 일본 제품에 대한 불매운동이 더욱 굳건하고 지속적으로 전개된다면 일본 언론의 자국 수출 규제에 대한 비난 여론은 더욱 높아질 것이다.

더욱 효과적인 불매운동이 되기 위해서는 합리적으로 전개할 필요도 제기되고 있다. '혐일'의 방법이 아닌, 한국 시민들의 합리적인 의사 표현으로 진행되어야 한다. 이미, 일부 혐일의 모습으로 나타나는 자극적인 행동에 대해서 대부분의 국민은 스스로 자제해야 할 필요를 지적하고 있다. 또한 한국에 대해 호의적인 일본인에 대해 지나친 거부감은 우리의 합리적 의사 표현을 단순한 '혐일' 행동으로 오해하게 만들 소지가 있다.

과거 한국은 일본의 '한국인 출입금지' 등의 표현에 거부감을 가졌던 경험이 있다. 한국을 방문한 일본 여행객들에게 최대한 호의를 표하고, 우리나라가 일본의 부당한 조치에 대해 정당하게 의견을 표명하고 있다는 것을 적절한 방법으로 알릴 필요가 있다. 물론, 우리나라의 불매운동은 우리 기업들에게도 많은 피해를 가져온다. 저가항공사에서 근무하는 직원들, 불매운동의 대상이 되는 일본 기업에서 일하는 우리 노동자들에게도 피해가 예상되지만, 결국 더 큰 목적을 위해서는 감내할 수밖에 없다.

아베가 수출 규제 조치로 얻을 수 있는 것이 없는 이 상황에서 언제나 피해를 입고 서로를 오해하는 것은 두 나라의 국민들이다. 일본의 수출 규제로 일본 기업은 수출이 막혀 있고, 한국의 기업은 소재를 제때 공급받지 못해 힘든 상황이다. 일본 국민들이 한국에 와서 우리나라의 문화를 이해하고, 또 우리나라의 국민들이 일본에 가서 많은 것을 즐기는 것을 방해하는 것은 언제나 국가를 위한다는 정치인들이다.

일본의 수출 규제가 이렇게 많은 두 나라의 피해를 담보로 한다는 것을 하루 빨리 깨달을 수 있도록 우리의 불매운동은 더욱 차근히, 꾸준히 진행되어야 한다. 다만 일본을 백색국가에서 제외하는 것을 우리 정부가 추진하고 있는데, 이것은 WTO 제소 이후 상황을 보며 진행하는 것이 바람직하다. 사실 일본을 백색국가에서 제외하는 기준이 무엇인가에 대한 정부의 입장이 불분명하다. 일본은 계속적으로 '안보상의 이유'를 들면서 한국의 캐치올 규제의 문제 등을 거론했지만 한국 정부의 조치는 무엇에 근거한 것인지 아직 정확하게 밝히지 않고 있다.

이러한 점에서 일본은 WTO 패널 심리에서 한국의 일방적 보복 조치라고 주장할 것이 분명하다. 일본의 수출 규제가 WTO 조항의 위반 가능성이 높은 만큼 일본을 백색국가에서 제외하는 것은 한국의 자의적 수출 규제로서 동일하게 위반 가능성이 있고, 일본에 대한 대응 조치로 볼 가능성이 높기 때문에 WTO 제소 시 한국이 일본의 수출 규제의 위법성을 합리적이고 정당하게 주장하기 위해서는 시행을 재고할 필요가 있고 그 시기를 적절하게 조정할 필요가 있다.

극일, 탈 일본, 우리의 필승 전략

현재 우리나라의 메모리반도체 산업은 탄탄하게 자리를 잡았다. 부동의 세계 1위로서 계속적으로 기술과 인재의 투자를 통해 자리를 유지해야 할 것이다. 그러나 극복해야 할 점도 존재한다. 일단 이번 수출 규제의 피해는 일본의 부품 소재의 일본 의존도가 크기 때문에 벌어진 일이다. 부품 소재 산업 이외에도 한국은 반도체 산업에서 일부는 국산화가 시급하다. 반도체 생산의 주요 공정 중에서 노광, 빛으로 웨이퍼에 회로를 그리는 장비의 국내 기술 수준은 10%에 불과하고 국산화율은 0%이다. 또 하나는 이온 주입 공정으로 국내 기술 수준은 20% 정도이고 국산화율은 역시 0%이다. 이번 일본의 수출 규제와 같은 상황이 더 심각해진다면, 최악의 경우 반도체 생산의 차질이 빚

어질 수도 있다.[104]

일부 반도체 산업에 필수 소재의 국산화만큼 중요한 것은 비메모리반도체의 시장점유율을 높이는 것이다. 반도체 제품은 메모리반도체, 시스템반도체, 광개별소자로 나뉘고, 메모리반도체는 D램, 낸드플래시 등 데이터 저장에 사용되는 부품이다. 시스템반도체는 연산과 제어를 담당하고, 광개별소자는 센서와 같은 소자형 부품을 말한다.[105] 우리나라 반도체 산업은 1983년 웨이퍼 가공을 시작한 이후, 메모리반도체 생산에 집중되어 있다.

시스템반도체 시장은 전체 반도체 시장에서 60%를 차지할 정도로 비중이 크다. 앞에서 언급한 바와 같이 한국의 전 세계 시스템반도체 시장점유율은 3%에 불과하다. 시스템반도체는 연산과 제어 기능으로 자율주행 자동차와 인공지능 등에 필수적이라는 점에서 앞으로 그 수요가 예상될 뿐만 아니라, 우리나라 메모리반도체 산업의 높은 의존도로 인한 문제점과 한계를 덜어줄 수 있다는 점에서도 반드시 기술 개발을 위한 지원이 필요하다.

첨단 기술 규제의 움직임

미국과 일본 등 혁신적 첨단 기술을 보유하고 있는 국가들은 자국의 기술력 보호에 집중하고 있다. 4차 산업에 대한 자국 산업의 보호 전략으로 인공지능 응용과 자율주행, 로봇, 바이오·생명공학 등의 분야에서 신기술을 보호하려는 움직임이 있다. 특히 미국은 중국과 무역전쟁을 벌이는 상황에서 중국과의 첨단 기술 경쟁에서 우위를 점하기 위해 14개 신기술을 지정하여 수출 규제 대상으로 정하고 그 절차를 진행하고 있는 중이다.

중국과 일본도 미국의 움직임을 예의 주시하며 미국이 정한 14개 기술을 기준으로 인공지능, 로봇 등의 기술을 확대하여 수출 제한을 검토 중이다. 이와 관련하여 우리나라도 세계의 기술 선진국들의 첨단 기술의 제한, 수출 규제의 동향을 파악하고 우리나라의 첨단 기술을 보호하기 위해 정부의 빠른 판단과 결정이 필요한 시기이다.

2015년, 한 기업의 총 직원 수 377명 중에서 253명은 희망퇴직을 했고 79명은 해고되었다. 이 해고노동자들은 불법적인 해고를 주장했고, 3년 넘게 복직 투쟁을 벌였다. 결국 법원의 조정을 받아들여 투쟁을 종료하기로 결정한 것은 2018년 2월의 일이었다. 하이디스테크놀러지(주)는 LCD 제조업체이다. 광시야각 기술 등, 특허권을 보유한 하이디스는 막대한 특허사용료를 받는 등 흑자 운영이 가능했지만 외국계 기업의 기술 사냥 때문에 노동자들이 일방적으로 해고되었고, 그 과정에서 여러 문제점들이 발생했다. 노동자들과 기업이 기술을 보호하는 노사 협약을 맺었지만 다른 기업이 인수하고, 노동자들을 일방적으로 해고하면서 계약 당사자가 없어지게 되면서 그 협약은 휴지 조각이 되었다.

이 당시 이 문제를 지켜보던 전문가들의 지적은 국가가 법률로서 기업의 첨단 기술을 더 많이 보호해야 한다는 것이었다. 우리나라에는 기업의 기술

을 보호하기 위해 '산업기술의 유출방지 및 보호에 관한 법률^{약칭: 산업기술보호}

법'[106]이 존재한다. 이 법이 제정된 이후에도 하이디스의 첨단 기술이 외국 기업의 악의적 인수합병으로 유출되었다는 점에서 더 엄격한 기준, 더 폭넓은 기술 보호가 필요한 실정이다.

미국과 중국, 일본은 이미 첨단 기술에 대한 수출 규제 실행을 위해 핵심 기술 14가지를 선정하고 신기술 수출 규제에 나서고 있지만, 우리나라 정부의 대응은 아직은 만족스럽지 않은 부분이 있다. 대기업의 지원뿐만 아니라 탁월한 기술을 보유하고 있는 중소기업의 기술력을 더 철저히 파악하고 관리하는 대책이 필요할 것이다.

일본의 수출 규제는 우리나라 반도체 산업과 관련하여 많은 것을 돌아보게 만드는 기회였다. 반도체 산업의 일본 의존도가 아주 오랜 기간 계속되어 왔던 이유가 있겠지만, 지금의 일본처럼 무역을 무기화하는 행위에 대응하기 위해서도 산업의 독립은 반드시 이루어야 한다. 또한 우리나라의 기업의 탁월한 핵심 기술에 대해서도 정부의 더 많은 관심이 필요하다.

글로벌 밸류체인 그리고 일본의 수출 규제

수출 규제가 미치는 영향은 다만, 한국의 반도체 산업뿐만 아니다. 앞에서 간단하게 언급했던 글로벌 밸류체인^{GVC}의 관점에서 본다면 일본은 경제

대국으로 해서는 안 될 행위를 한 것이다. 글로벌 밸류체인, 국제 분업의 관계는 첨단 기술이 적용되는 산업뿐만 아니라 모든 산업에서 더욱 긴밀해지고 있다. 선진국과 개도국이 생산 과정에 참여하고 협력을 통해 개도국의 기술 발전에 기여하고 결과적으로 전 세계의 경제 발전에 효과적인 것이 바로 GVC이다.

2019년 발행한 WTO의 글로벌 밸류체인에 대한 보고서[107]에서 현재 전 세계 국가들이 생산에 참여하는 형태와 GVC의 기여도를 분석하고 세계 무역에서 GVC가 노동시장을 발전시키는 점, 또한 GVC를 통해 선진국이 개도국의 경제 발전에 기여함으로써 개도국의 노동시장에서 고용 촉진과 임금 수준의 향상에 기여하는 점에 대해 분석하고 있다.

글로벌 밸류체인은 고도로 분업화한 첨단 산업에서 선진국들의 협력뿐만 아니라 개발도상국의 발전에도 중요한 기여를 하고 있다. 일본의 수출 규제 조치는 무역을 무기화하고 신의를 바탕으로 하는 GVC의 구조를 깨버렸다는 점에서 경제 질서를 유지하기 위해 노력했던 국가들의 비난을 받아 마땅한 일이다.

한국으로선 일본의 조치는 상상도 할 수 없는 일이다. 한국과 일본이 경쟁 관계라 해도 GVC의 구조에서 서로 협력, 경쟁하는 체제를 누구도 깰 수 있을 거라고 생각할 수 없었을 것이다. 비록 정부가 2018년 11월, 일본이 '불산' 수출을 승인하지 않았던 것에 대해 그 원인에 대해 적극적으로 파악했어야 했지만 사실 일본의 조치에 대해 대책이 미비하다는 것은 동의할 수 없다.

수출 강화 조치를 발표하고 한국을 화이트리스트에서 제외한 이후 비로소 일본의 일시적 수출 지연이 한국의 반도체 산업을 저격하기 위한 준비였다는 것을 파악할 수 있었기 때문이다. 다만 한국 정부가 일본의 산업의 동향이나 불산 수출 지연의 상황을 조금 더 정확하게 그 원인과 이유에 대해 파악했더라면 하는 아쉬움이 남는다.

일본의 경제 침략이라고 할 만큼 수출 규제는 이제까지 협력과 경쟁을 하는 두 나라의 위태로운 관계를 두 동강을 내는 심각한 사건이다. 두 달 남짓, 짧은 시간 동안 일본은 역사 인식의 문제를 드러냈고, 자국 내 정치 문제를 경제로 풀려는 시도를 하였으며, 한국의 반도체 산업을 위협했다. 그리고 글로벌 밸류체인이라는 신의로 지켜야 할 국제 경제 질서를 파괴했다.

한국은 정부 기업 그리고 국민 모두가 다각적으로 하나로 합심하여 현재 벌어지고 있는 이 여러 문제들을 해결하기 위해 하나로 합심해야 하는 숙제가 주어졌다. 일본이 아직 전범국으로서 일제 강제동원 피해자들에게 깊이 사죄하지 않은 것, 정치 문제를 통상 문제로 무기화하는 점은 분명히 우리가 원하는 방식대로 해결되는 순간까지 싸우고 지켜봐야 할 것이다. 또한 국제 경제 질서를 깨버린 일본의 행태에 대해서 냉정하게 평가하고 더 이상 일본이 위협할 수 없는 위치까지 노력을 경주해야 한다. 언제나 그러했듯 대한민국 국민들은 이 문제를 더 이상 그대로 두고 보지 않을 것이며, 극일, 탈 일본, 산업의 독립을 이루기 위해 끝까지 노력할 것을 확신한다.

참고문헌

김재훈(2014), "한국과 일본의 반도체 전쟁 : 파괴적 혁신을 통한 역전", 한림일본학, 제24
    집, 한림대학교 일본학연구소

김종훈(2015), "중국의 희토류 수출규제 분쟁사례에 대한 연구", 무역학회지, 제40권 제1호,
    한국무역학회

박노형, 정명현(2017), "GATT가입을 위한 한국 정부 노력의 시대적 조명 – 단기4285년 2
    월 'GATT會議에 관한 復命書'를 중심으로-", 안암법학, 제53권, 안암법학회

서진교, 박지현, 김민성(2019.5), "최근 WTO개도국지위에 관한 논의 동향과 정책 시사점",
    오늘의 세계경제, Vol.19 No.8, KIEP

심승진(2008), "수출자율규제(VER)와 수입자율확대(VIE)의 무역마찰 유발 가능성 비교분
    석", 한일경상논집, 제41권, 한일경상학회

송용호(2017), "Fabless 산업과 반도체 산업의 도약", 전자공학회지, 제144권 제1호, 대한전
    자공학회,

이해림, 이홍식(2016), "쌀 관세화 유예와 농가소득 간의 관계 분석", 국제통상연구, 제21권
    제1호, 한국국제통상학회

이홍배(2018), "한국 소재부품의 대일본 무역적자 축소 원인 고찰", 한일경상논집, 제79권.
    한일경상학회

전영수(2019), "인구문제와 지역재생 – 아베노믹스가 방향을 전환한 이유", 일본학보 제
    118권, 한국일본학회

정성춘, 이형근, 서영경(2013), "일본 아베노믹스의 추진 현황과 정책 시사점", 오늘의 세계
    경제, Vol.12, No.5, KIEP

정영훈(2017), "일본의 테러자금 방지를 위한 외국환거래 관련 법제의 주요 내용과 시사
    점", 원광법학, 제33집 제2호, 원광대학교 법학연구소

조영진(2013), "수출제한에 대한 WTO체제에서의 법적 쟁점 연구", 국제경제법연구, 제11

권 제1호, 한국국제경제법학회

주노종, 이우형(2017), "일본 국가부채의 원인과 한국에 주는 시사점 고찰", 제도와 경제 제 11권 제2호 통권26호, 한국제도경제학회

강민지(2016), "WTO SPS 분쟁 사례", KIEP

기획재정부 보도자료(2019.8.2.), "일본 정부의 백색국가 배제 등 수출규제 및 보복 조치 관련 종합 대응계획", 기획재정부

김경근, 이현우(2017), "인구감소와 지방소멸의 리스크 점검 및 정책적 시사점", 한국은행 대전충남본부

김규판, 이형근, 이신애(2015), "저성장시대 일본정부의 규제개혁에 관한 연구", 정책연구 브리핑, KIEP

김규판, 이형근, 김승현, 이정은(2016), "아베노믹스 성장전략의 이행성과와 과제", 정책연 구브리핑, KIEP

김규판 외 9인(2019), "일본의 對한국 수출규제와 전망", KIEP 기초자료 19-11, KIEP

김영춘(2005), "일본의 보수 우경화와 국가안보전략", 통일연구원

김재덕(2019), "최근 수출부진 진단 및 전망과 시사점", 산업경제, KIEP

무역위원회(2019), 〈무역구제〉, 2019년 봄호

박래정, 류상윤, 이지선(2018), "일본경제 부활했나", LG경제연구원

방호경 외(2018), "글로벌 가치사슬을 활용한 한국과 개발도상국 간 개발협력 방안", 한국 개발연구원

산업통상자원부(2018), 〈2017-2018 산업통상자원백서-산업편〉

산업통상자원부(2018), 〈2017-2018 산업통상자원백서 – 통상편〉

산업통상자원부 통상정책총괄과(2018), 〈2018 외국의 통상환경 – 아시아,대양주〉, 산업통 상자원부

산업통상자원부 무역정책과(2019), 〈2019 년도 무역통상 진흥시책〉, 산업통상자원부

산업자원통상부, 외교부(2018), 〈주요국 수입규제가이드〉

오세진(2019), "일본의 대한(對韓) 수출규제의 주요 내용 및 전망", Weekly KDB Report, KDB 산업은행 미래전략연구소

윤덕룡(2001), "일본의 보호무역주의 대두 실태와 전망", KIEP동향분석속보, KIEP

이서진(2019), "일본의 對대한민국 전략물자 수출통제 강화조치", 〈수출통제 Issue Report〉, 전략물자관리원

장우애(2019), '반도체 산업 현황 및 우려 점검', IBK경제연구소.

전략물자관리원(2018), 〈주요국 수출통제 총람 (아시아) - 일본〉, pp.130-160, KOSTI

KOTRA(2012), 〈일본 수입규제 대응 가이드〉, 주일대한민국대사관, 토쿄aT센터, 토쿄무역관,

KOTRA 통상지원팀(2019), 〈2019 상반기 대한 수입규제 동향과 하반기 전망〉, KOTRA

KOTIS, "일본의 대 대한민국 전략물자 수출통제 강화조치", 〈수출통제 Issue Report〉, 2019.7.5.

KITA 도쿄지부, 해외시장뉴스 '일본경제 주간동향(7.8-14)', 2019.7.8.-2019.7.14

KITA, '무역뉴스 - 대일 무역역조는 언제 시작됐고 왜 굳어 졌나', 2019.7.19.

KDI 연구진(2019), 〈KDI 경제전망 2019년 상반기〉, 제36권 제1호, KDI

Clair Wilcox(2019), 박덕영, 이영희 번역, "하바나 헌장의 이해", KIEP

팽성일(2019), "한국 소재,부품 산업의 현황과 과제", 산업경제-정책과 이슈, KIET

홍정완, 〈대한(對韓) 수입규제 분기별 동향〉 (2019.7.1. 기준), 수입규제통합지원센터

곽선미, '반일 불매운동, 패션업계 파장은?', 2019.9.1., 패션비즈. https://www.fashionbiz. co.kr/article/view.asp?idx=173980

김성휘, 김하늬, 권다희 "[MT리포트-上] 일본의 경제보복 한 달, 어디에 와 있나?" 머니투데이, 2019.08.01. https://news.mt.co.kr/mtview.php?no=2019073116010520681&VMRP_P

김현희, 해외시장뉴스, "일본 소비세 10%로 인상, 무엇이 달라지나?" 일본나고야 무역관, KOTRA, 2019.05.22. http://news.kotra.or.kr/user/globalAllBbs/kotranews/album/2/ globalBbsDataAllView.do?dataIdx=174958

김혜경, '마이니치 칼럼 "수출규제, 국익 없는 스트레스 해소" 비판', 2019.8.18., http://www.

newsis.com/view/?id=NISX20190818_0000743426

김창우, "한국 D램 독주 막자… 일본의 치킨게임 '중국만 어부지리?'" 중앙선데이, 중앙일
　　보, 2019.8.10. https://news.joins.com/article/23548687

박소희, "'강제징용 판결이 문제' 과거사 보복 시인한 고노', MBC뉴스데스크, 2019.08.02.
　　http://imnews.imbc.com/replay/2019/nwdesk/article/5433689_24634.
　　html?menuid=world

박순기, "일본 반도체 핵심부품 규제에 구미 국가산단 비상", 연합뉴스, 2019.07.05. https://
　　www.yna.co.kr/view/AKR20190705056800053북

매일경제, 러 정상회담 관련 기사 "외무성 간부 "퍼포먼스 뿐" 비판…마이니치 " 북
　　러 간 경협 한계"", 2019.4.26. 매일경제 https://www.mk.co.kr/news/world/
　　view/2019/04/265035/

안효문, '현대기아차, 일본차 불매 효과 '톡톡'', 2019.8.7. 조선일보, http://it.chosun.com/
　　site/data/html_dir/2019/08/07/2019080700060.html

이대혁, '자발적 불매운동에 일본 혼쭐 빠진다…7월 일본산 소비재 수입 13.8%↓',
　　2019.8.15. 한국일보, http://www.hani.co.kr/arti/economy/finance/905854.html#csid
　　x6183cc4f199aa23b7c7e8a2517f7af9

이선애, '활활 타오른 불매운동, 자취감춘 日조롱…"일본 여행도 안갑니다."', 2019.8.26. 아
　　시아경제

이한주, "수출규제 전 치밀한 전수조사… 일 우익'반도체 부활' 속내", JTBC, 2019.08.19.
　　http://news.jtbc.joins.com/html/740/NB11867740.html

임성훈, 해외시장뉴스, "2019년 일본의 경제전망", 일본도쿄무역관, KOTRA, 2019.01.29.
　　http://news.kotra.or.kr/user/globalBbs/kotranews/3/globalBbsDataView.
　　do?setIdx=242&dataIdx=172411

전경웅, "한국 '수출규제' 불산, UAE에 밀수출"… 日, 방송 주장",뉴스데일리, 2019.7.10.
　　http://www.newdaily.co.kr/site/data/html/2019/07/10/2019071000223.html
　　(2019.8.26. 최종방문)

전자신문, "반도체, 일본 제치고 세계 2위 등극", 2014.3.24.

정욱, 임성현 기자, '삼성전자 주문한 포토레지스트 정부 "日수출규제 완전 철회를", 매일경제, 2019.8.19. https://www.mk.co.kr/news/economy/view/2019/08/642350/

조기원, '고노 외상, 남관표 대사 발언 중간에 끊고 "한국 극히 무례"', 한겨레. 2019.07.19. http://www.hani.co.kr/arti/international/japan/902507.html

홍기범, "반도체, 일본 제치고 세계 2위 등극", 전자신문 2014.03.24. http://www.etnews.com/20140324000181

김석경, "대일 무역역조는 언제 시작됐고 왜 굳어 졌나", 한국무역신문, 2019.07.18. http://weeklytrade.co.kr/news/view.html?section=1&category=3&no=55138

Phillip Evans and James Walsh (1995), "The EIU guide to world trade under the WTO", EIU Report of the Panel, "Japan – Import Quotas on Dried Laver and Seasoned Laver."

WT/DS323/R, 1, February, 2006,

Shinzo Abe, Jonathan Tepperman (2013), "Japan is Back: A conversation with Abe Shinzo.", Foreign Affairs, Vol. 92, No. 4 (JULY/AUGUST 2013), pp. 2-8.

WTO (2011), "The Legal Texts", The Results of the Uruguay Round of Multilateral Trade Negotiations, Cambridge Universe Press.

WTO, 'Agreement on Implementation of Article VI of the General Agreement on Tariffs and Trade 1994', https://www.wto.org/english/docs_e/legal_e/19-adp_01_e.htm

WTO, 'That is the WTO?' https://www.wto.org/english/thewto_e/whatis_e/whatis_e.htm

WTO, 'DS504: Korea-Anti-Dumping Duties on Pneumatic Valves from Japan', https://www.wto.org/english/tratop_e/dispu_e/cases_e/ds504_e.htm

WTO (2019), Annual Report. https://www.wto.org/english/res_e/publications_e/anrep19_e.htm

WTO (2019), "Technological Innovation, Supply Chain Trade, and Workers In A Globalized World", 'Global Value Chain Development Report' https://www.wto.org/english/

res_e/booksp_e/gvc_dev_report_2019_e_prelims.pdf

World Statistical Review 2019, Chart 2.4 World's leading traders of goods and services, 2008 and 2018, p.10, WTO.

KITA, 무역통상정보-무역용어, https://www.kita.net/cmmrcInfo/cmmrcWord/list.do
Komma, 한국공작기계산업협회 용어해설, http://www.komma.org/komma/industrial/Phase.do
통합무역정보서비스, http://www.tradenavi.or.kr/
한국은행, 경제용어사전, http://www.bok.or.kr/portal/ecEdu/ecWordDicary/search.do?menuNo=200688
WTO, World Trade Organization, https://www.wto.org

미주

1) 일본의 발표는 '수출강화조치'이다. 수출강화조치라고 하지만 우리나라의 수출에 대한 심각한 규제로 보아 수출규제로 적었으나 일본의 법규 개정안을 '수출규제'로 단언할 수는 없다. 수출규제는 실제 수출이 금지되거나 금지되는 조치에 준하는 상황이 앞으로 발생하게 되고 한국 관련 산업의 피해가 실질적으로 나타나게 된다면 분명히 수출규제 조치로 판단하고 대응 조치를 취할 수 있다고 본다.

2) 북러 정상회담 관련 기사 2019.4.26. 매일경제

https://www.mk.co.kr/news/world/view/2019/04/265035/

3) 고순도 불화수소, 포토레지스트(Photoresist, 감광액), 플리이미드(Polyimid,PI)

4) 캐치올(catch all)은 수출통제를 강화하기 위한 개념으로 수출 금지 품목에 속하지 않지만 전략무기 개발에 이용 가능한 물품이라고 판단될 경우 해당 품목의 수출을 통제하기 위한 제도.

5) 고노 외상의 주장은 "옛 한반도 출신 노동자(강제동원 피해자에 대한 아베 정부가 사용하는 용어)에 대한 한국 대법원(배상) 판결에 따라 국제법 위반 상태가 지속되고 있다. 한일 청구권 협정 때문에 1월에 협의를 요구했으나 안타깝게도 한국이 응하지 않았다. 국제법 위반 상태를 이 이상 방치하지 않도록 국제법 위반을 시정하는 조치를 즉시 하기를 강력히 요청한다."이다. – 출처: '고노 외상, 남관표 대사 발언 중간에 끊고 "한국 극히 무례' 한겨레. 2019.7.19.

http://www.hani.co.kr/arti/international/japan/902507.html

6) 박소희기자, MBC뉴스데스크, "'강제징용 판결이 문제" 과거사 보복 시인한 고노', 2019.8.2., http://imnews.imbc.com/replay/2019/nwdesk/article/5433689_24634.html?menuid=world

7) 대외무역법 제19조(전략물자의 고시 및 수출허가 등) ①산업통상자원부장관은 관계 행정기관의 장과 협의하여 대통령령으로 정하는 국제수출통제체제(이하 "국제수출통제체제"라 한다)의 원칙에 따라 국제평화 및 안전유지와 국가안보를 위하여 수출허가 등 제한이 필요한 물품등(대통령령으로 정하는 기술을 포함한다. 이하 이 절에서 같다)을 지정하여 고시하여야 한다. 〈개정 2008. 2. 29., 2009. 4. 22., 2013. 3. 23., 2013. 7. 30.〉

8) ③전략물자에는 해당되지 아니하나 대량파괴무기와 그 운반수단인 미사일(이하 "대량파괴무기등"이라 한다)의 제조·개발·사용 또는 보관 등의 용도로 전용될 가능성이 높은 물품등을 수출하려는 자는 그 물품등의 수입자나 최종 사용자가 그 물품등을 대량파괴무기등의 제조·개발·사용 또는 보관 등의 용도로 전용할 의도가 있음을 알았거나 그 수출이 다음 각 호의 어느 하나에 해당되어 그러한 의도가 있다고 의심되면 대통령령으로 정하는 바에 따라 산업통상자원부장관이나 관계 행정기관의 장의 허가(이하 "상황허가"라 한다)를 받아야 한다. 〈개정 2008. 2. 29., 2013. 3. 23., 2013. 7. 30.〉

9) 산업통상자원부 보도설명자료(2019.7.22.)

10) 밀링머신(Milling Machine) 다수의 날을 가진 밀링커터를 회전시켜 테이블 위에 고정한 곡작물을 이송하면서 절삭하는 공작기계로 수직, 수평형 등 여러 종류가 있다. (출처: Komma, 한국공작기계산업협회 용어해설)

11) 전략물자관리원(2018),"주요국 수출통제가이드[아시아]", KOSTI

12) 김규판 외 9인(2019), '일본의 對한국 수출규제와 전망', KIEP 기초자료 19-11, KIEP, p.4

13) 수출무역관리령 별표3에 정한 화이트국은 한국을 제외한 26개국가로 아르헨티나, 호주, 오스트리아, 벨기에, 불가리아, 캐나다, 체코, 덴마크, 핀란드, 프랑스, 독일, 그리스, 헝가리, 아일랜드, 이탈리아, 룩셈부르크, 네델란드, 뉴질랜드, 노르웨이, 폴란드, 포르투갈, 스페인, 스웨덴, 스위스, 영국, 미국 등이다.

14) HS 2단위 기준으로 HS 25~40류, 54~59류, 63류, 68~93류 및 95류. (식료품,목재는 제외)

15) 백색국가는 [수출허가신청서 2부, 신청사유서 1부, 서약서 및 사본 각 1부]를 요구했

지만 비백색국가의 경우 [수출허가신청서 2부, 수출허가신청내용명세서 1부, 서약서 및 사본 각 1부, 수출령 별표 제1의 기재항목과의 대비표 등 해당 화물별 각 1부, 카탈로그 또는 사양서 등 기술자료 1부, 수요자 등의 사업내용 및 존재확인에 도움이 되는 자료 1부, 수요자 등의 서약서 및 사본 각 1부] 등 총 7가지의 신청서류를 제출해야 한다. 출처: 수출통제 Issue Report, '일본의 대 대한민국 전략물자 수출통제 강화조치', KOTIS. 2019.7.5.

16) 메모리 반도체 시장은 D램과 낸드플레시로 양분되고 D램은 국내 주요 생산기업들이 90%이상의 세계시장 점유율을 보이고 있다. 출처: 2019년 뿌리산업백서, 산업통상자원부, pp.464

17) 최연진기자, 한국일보, '일본 반도체 패전의 교훈', 2019.7.23.

18) '2017-2018 산업통상 자원백서 - 산업편', 2018. 산업통상자원부.

19) 임권택기자, 수출입은행 "일본 수출규제 장기화 시 한국 반도체 산업 위협" - 불산과 폴리이미드 대체 가능, 2019.7.12., 파이넨셜신문

20) 이홍배(2018), "한국 소재부품의 대일본 무역적자 축소 원인 고찰", p.47-48, 한일경상논집 제79권.

21) '무역뉴스 - 대일 무역역조는 언제 시작됐고 왜 굳어졌나', 2019.7.19.,KITA

22) 2018.10.30. 일제 강제동원피해자가 일본 신일철주금 주식회사를 상대로 낸 손해배상청구에 대한 한국 대법원 판결문에서는 '강제동원'이라 적고 있다. 강제징용과 강제동원의 피해자의 범위에 대한 법적 의미가 상의하다는 의견이 있다. 이 책에서는 대법원 판결문에 나온 표현을 따라 강제동원이라 적는다. 해당 대법원 판결문의 마지막 단락을 참고로 싣는다. [사건번호 : 2013다61381] "일본 정부의 한반도에 대한 불법적인 식민지배와 침략전쟁의 수행과 직결된 일본기업의 반인도적인 불법행위로 강제 동원되어 인간으로서의 존엄과 가치를 존중받지 못한 채 온갖 노동을 강요당했던 피해자인 원고들은 정신적 손해배상을 받지 못하고 여전히 고통 받고 있다. 대한민국 정부와 일

본 정부가 강제 동원 피해자들의 정신적 고통을 지나치게 가볍게 보고 그 실상을 조사·확인하려는 노력조차 하지 않은 채 청구권 협정을 체결한 것일 수도 있다. 청구권 협정에서 강제동원 위자료청구권에 관하여 명확하게 정하지 않은 책임은 협정을 체결한 당사자들이 부담해야 하는 것이고 이를 피해자들에게 전가해서는 안 된다."

23) World Statistical Review 2019, Chart 2.4 World's leading traders of goods and services, 2008 and 2018, p.10, WTO.

24) 2019년 7월 현재 일본 경제산업성이 외환 및 외국무역법 제25조 1항에 의거 규제조치가 시행된 품목은 포토레지스트(Photoresist), 불산(HF, Hydorgen Fuide) 그리고 폴리이미드(PI,Polyimide) 등 3개 품목이다.

25) 우리나라 대법원은 2018년 10월 30일 일제 강제동원 피해자 4명이 신일철주금을 상대로 제기한 소송에서 원고 승소를 판결했다. 일본은 1965년 '한일청구권협정'을 근거로 피해자(원고)들의 손해배상 청구권까지 없어진 것이라고 주장했지만 우리나라 대법원은 일본 최고재판소의 판결을 뒤집고 신일철주금은 피해자들에게 배상을 해야 한다고 판결했다.

26) 아베는 2006년 9월에 자민당 총재에 출마할 것을 발표했고, 2006년 9월 20일 실시된 총재선거에서 승리하여 일본 자민당의 21대 총재가 된다. 그 후 제90대 총리대신으로 지명된다. 하지만 2007년 9월 12일 아베는 내각총리대신에서 사퇴했다. 내각총사직, 중의원 해산 등의 일이 발생하면 정해진 총리 재직 기간을 채워 수행하지 못하는 상황이 될 수 있다.

27) 평화헌법 9조는 "국제분쟁 해결수단으로서의 무력행사를 포기할 뿐 아니라 방위목적의 무력사용도 엄격히 제한"하는 내용을 담고 있다.

28) 전영수(2019), "인구문제와 지역재생 – 아베노믹스가 방향을 전환한 이유", 일본학보 제118권

29) 일본은 한번 직장은 영원한 직장이라는 말로 알 수 있듯이 한번 취업을 하면 평생 이

직을 하지 않는 평생직장으로 인식한다. 기업은 임금을 인상하는 것에 신중하게 되고, 고용의 측면에서 임금인상을 요구하기보다 임금을 적게 받으면서 오랜 기간 직장에서 근무하기를 바라는 것이 사회 전반적인 인식이다.

30) 주노종, 이우형(2017) "일본 국가부채의 원인과 한국에 주는 시사점 고찰", 제도와 경제 제11권 제2호, p.165.

31) 일본의 경제지표, KOTRA, https://news.kotra.or.kr

32) 김현희 일본 나고야 무역관(2019), "일본 소비세 10%로 인상, 무엇이 달라지나?" KOTRA 해외시장뉴스, KOTRA

33) 박래정 류상윤 이지선(2018), "일본경제 부활했나" LG경제연구원

34) 해외시장뉴스, '일본경제 주간동향(7.8-14), KITA 도쿄지부

35) 김영춘(2005), "일본의 보수우경화와 국가안보전략", 통일연구원

36) 윤덕룡(2001), "일본의 보호무역주의 대두 실태와 전망", KIEP동향분석속보, KIEP

37) 북미자유무역협정 (NAFTA, North American Free Trade Agreement) 1992년 캐나다, 멕시코, 미국이 체결한 자유무역협정이다.

38) 환태평양경제동반자협정(TPP, Trans-Pacific Strategic Economic Partnership)는 태평양을 둘러싼 국가들을 회원국으로 무역에서 관세를 철폐하고 서비스업, 지식재산권, 노동규제 등 비관세장벽을 낮추는 것을 목적으로 하는 다자간 자유무역협정이다. 2005년 뉴질랜드, 싱가폴, 칠레, 브루나이 등 4개국으로 출범, 이후 미국, 호주, 베트남, 페루, 말레이시아, 캐나다, 멕시코, 일본 등이 참여를 선언했다. 2017년 미국이 탈퇴를 결정하면서 총 11개국이 참여한다.

39) 〈대한(對韓) 수입규제 분기별 동향〉(2019.7.1. 기준), 수입규제통합지원센터

40) 〈무역구제 월간 통계〉(2019년 4월말 기준), KTC

41) 산업통상자원부 통상정책 총괄과(2018), "2018 외국의 통상환경", p. 38., 산업통상자원부

42) 반덤핑관세는 'Antidumping duty'의 번역으로 무역위원회 자료에서는 덤핑방지관세로

부르지만 반덤핑관세라고도 한다.

43) 근거법령 : 관세법시행령 제70조 제7항

44) 일본 국내 법령에 따르면 반덤핑관세, 또는 덤핑방지관세라고 부르는 대신, '부당염매
    관세'라고 칭한다. 이것은 [관세정률법 8조], [부당염매관세에 관한 수속 등에 대한 가
    이드라인]에 정하고 있다.

45) 통합무역정보서비스, 무역구제의 수입규제관리카드 참조, http://www.tradenavi.or.kr/

46) 산업자원통상부,외교부(2018), 〈주요국 수입규제가이드〉, p.74. 산업자원통상부.

47) KOTRA 통상지원팀(2019), 〈2019 상반기 대한 수입규제 동향과 하반기 전망〉, P. 111-
    112, KOTRA

48) 수입쿼터제(IQS, Import Quota System) 출처: KITA, 무역통상정보-무역용어.

49) Report of the Panel, "Japan – Import Quotas on Dried Laver and Seasoned Laver." WT/
    DS323/R 1 February 2006

50) 〈2018 외국의 통상환경 – 아시아,대양주〉, p. 150~151. 산업통상자원부 통상정책총괄
    과(2018)

51) Clair Wilcox, 박덕영, 이영희 번역, "하바나 헌장의 이해", p.71., p76. KIEP

52) Phillip Evans and James Walsh(1995), "The EIU guide to world trade under the WTO", p.
    3., EIU

53) WTO, https://www.wto.org/english/thewto_e/whatis_e/whatis_e.htm (2019.8.15. 방문)

54) WTO, "what we stand for" https://www.wto.org/english/thewto_e/whatis_e/what_stand_
    for_e.htm (2019.8.15. 방문)

55) GATT 1994, Article I General Most-Favoured-Nation Treatment

56) GATT 1994, Article III National Treatment on Internal Taxation and Regulation

57) WTO(2011), "The Legal Texts", The Results of the Uruguay Round of Multilateral Trade
    Negotiations, Cambridge Universe Press. p.424, 427.

58) GATT 1994, Article XXI Security Exceptions

59) 이해림, 이홍식(2016), "쌀 관세화 유예와 농가소득 간의 관계 분석", 국제통상연구 제 21권 제1호. P. 4.

60) 박노형, 정명현(2017), "GATT가입을 위한 한국 정부 노력의 시대적 조명 – 단기4285 년 2월 'GATT會議에 관한 復命書'를 중심으로–", 안암법학 53권0호, 안암법학회, p. 470.

61) Agreement Establishing the World Trade Organization ,ANNEX 2, Understanding on Rules and Procedures Governing the Settlement of Disputes, 통상적으로 사용하는 명칭 으로 협정문으로 부름.

62) WTO(2019), Annual Report. p. 116.

63) 제13조 2항 부속서 4 전문가 검토 그룹 (Article 13 Right to Seek Information, Appendix 4 Expert Review Groups)

64) 패널의 심리 결과물인 패널리포트(Panel Report)를 패널보고서로 지칭하는 경우가 보 통이지만, 여기서는 패널리포트로 명명하고, 상소기구인 Appellate Body의 보고서는 상소보고서 대신 상소리포트로 칭한다.

65) Article XX General Exceptions (b) necessary to protect human, animal or plant life or health;

66) DS26, US vs. EC – Hormones 사건.

67) https://www.wto.org/english/tratop_e/dispu_e/cases_e/ds495_e.htm

68) 총 28개의 품목은 전복, 명태, 날개다랑어, 금눈돔, 멸치, 눈다랑어, 청새리상어, 참다랑 어, 밤나무문어, 고등어, 연어, 멍게, 낙지, 문어, 방어, 살오징어, 전갱이, 정어리, 대구, 굴 꽁치, 악상어, 가리비, 가다랑어, 망치고등어, 줄무늬청새치, 황새치, 황다랑어 등이다.

69) Ehlers(의장, 우루과이), Boutrif(위원1, 튀니지/프랑스), Minn(위원2, 싱가포르)

70) DS495의 패널리포트와 상소기구(Appellate Body)리포트는 WTO.org, 해당 페이지

를 참조하였다. 출처 : https://www.wto.org/english/tratop_e/dispu_e/cases_e/ds495_e.htm (2019.8.18.)

71) WT/DS495/AN/R 6.5 Korea also referred to Article 5.7 when relying on the alleged insufficiency of evidence in this case as a relevant factor to the Panel's assessment of Japan's claims of inconsistency, in particular those under Articles 2.3 and 5.6. By making findings as to the consistency of Korea's measures with Article 5.7, the Panel exceeded its mandate, thereby acting inconsistently with Articles 7.1 and 11 of the DSU. a. For this reason, we declare the Panel's findings under Article 5.7 of the SPS Agreement moot and of no legal effect.

72) 정욱, 임성현 기자, '삼성전자 주문한 포토레지스트 정부 "日수출규제 완전 철회를", 매일경제, 2019.8.19. https://www.mk.co.kr/news/economy/view/2019/08/642350/

73) 2019.5. 조원진 국회의원실에 제출된 자료.

74) 조영진(2013), "수출제한에 대한 WTO체제에서의 법적 쟁점 연구",국제경제법연구 11(1), 한국국제경제법학회, p. 223

75) US- Nicaraguan Trade, United States — Trade Measures Affecting Nicaragua, L/6053, 13/10/1986

76) JTBC, "수출규제 전 치밀한 전수조사… 일 우익 '반도체 부활' 속내", 2019.8.20. http://news.jtbc.joins.com/html/740/NB11867740.html (2019.8.26. 최종방문)

77) 전경웅, "한국 '수출규제' 불산, UAE에 밀수출… 日, 방송 주장", 뉴스데일리, 2019.7.10. http://www.newdaily.co.kr/site/data/html/2019/07/10/2019071000223.html (2019.8.26. 최종방문)

78) 전략물자관리원(2018), 〈주요국 수출통제 총람 (아시아) - 일본〉, p.130-160, KOSTI

79) 전략물자 관련 수출통제 기관 사이트, http://www.cistec.or.jp

80) 전략물자관리원(2018), 〈주요국 수출통제 총람 (아시아) - 일본〉, p.154-155, KOSTI

81) 전략물자관리원(2018), 〈2018 연례 보고서〉, p. 37, KOSTI

82) KITA 무역뉴스, "대일 무역역조는 언제 시작됐고 왜 굳어 졌나", KITA, 2019.7.19.

83) 전자신문, "반도체, 일본 제치고 세계 2위 등극", 2014.3.24.

84) KEA, Monthly Report, '세계 전자산업 주요국 생산동향 분석', 한국전자정보통신산업진흥회, 2019.7.

85) 김재훈(2914), '한국과 일본의 반도체 전쟁 : 파괴적 혁신을 통한 역전', 한림일본학 24집, pp. 168-169.

86) 정부 24, '日 지난해 불산 수출 중단 이후 수입선 전환 등 대응책 추진', 기관소식, 2019.7.4., 산업통상자원부

87) JTBC, "수출규제 전 치밀한 전수조사… 일 우익'반도체 부활' 속내", 2019.8.9.

88) 오세진(2019), '일본의 대한(對韓) 수출규제의 주요 내용 및 전망', Weekly KDB Report, KDB 산업은행 미래전략연구소, p. 3.

89) DS433 희토류, 텅스텐 및 몰리브덴 수출관련 조치(Measures Related to the Expotation of Rare Earths, Tungsten and Molybdenum)

90) 김종훈(2015), '중국의 희토류 수출규제 분쟁사례에 대한 연구', 무역학회지40(1), 무역학회, p.90.

91) 김창우, '한국 D램 독주 막자… 일본의 '치킨게임' 중국만 어부지리?', 2019.8.10., 중앙선데이, 중앙일보. https://news.joins.com/article/23548687

92) 무역뉴스, '日, 한국과 분쟁 대비 위해 WTO 관련 예산 2배 증액 추진', 2019.8.29., KITA

93) 김경근, 이현우(2017). '인구감소와 지방소멸의 리스크 점검 및 정책적 시사점', 한국은행 대전충남본부, p. iii.

94) 이선애, '활활 타오른 불매운동, 자취감춘 日조롱…"일본 여행도 안갑니다."', 2019.8.26., 아시아경제

95) 이대혁, '자발적 불매운동에 일본 혼쭐 빠진다…7월 일본산 소비재 수입 13.8%↓',

2019.8.15., 한국일보, http://www.hani.co.kr/arti/economy/finance/905854.html#csidx61

83cc4f199aa23b7c7e8a2517f7af9

96) 안효문, '현대기아차, 일본차 불매 효과 '톡톡'', 2019.8.7. 조선일보, http://it.chosun.com/

site/data/html_dir/2019/08/07/2019080700060.html

97) 곽선미, '반일 불매운동, 패션업계 파장은?', 2019.9.1., 패션비즈.

https://www.fashionbiz.co.kr/article/view.asp?idx=173980

98) 김도훈, '日생활용품도 불매운동 타격…"매출 30% 이상 감소"', 2019.8.30., 연합뉴스

99) 무역뉴스 (2019.8.28.), '한일 관계 악화로 日에 강렬한 역품, 日 언론', 무역뉴스, KITA

100) 김은성, '일본 불매운동에… 유니클로 카드사 매출 70% · 일본 관광지 매출 20% '뚝'',

2019.8.15. 경향신문, http://news.khan.co.kr/kh_news/khan_art_view.html?art_id=2019

08151513001#csidx18eb2bd572fd9f2b624ebb65ce69bc4

101) 이선애, '활활 타오른 불매운동, 자취감춘 日조롱…"일본 여행도 안갑니다."',

2019.8.26., 아시아경제

102) 경상남도학교급식조례재의결무효확인, [대법원 2008. 12. 24., 선고, 2004추72, 판결],

전라북도학교 급식조례재의결무효확인 [대법원 2005. 9. 9., 선고, 2004추10, 판결]

103) 김혜경, '마이니치 칼럼 "수출규제, 국익 없는 스트레스 해소" 비판', 2019.8.18., http://

www.newsis.com/view/?id=NISX20190818_0000743426

104) 장우애(2019), '반도체 산업 현황 및 우려 점검', IBK경제연구소.

105) 송용호(2017), 'Fabless 산업과 반도체 산업의 도약', 대한전자공학회, 44(1),p.42.

106) 산업기술의 유출방지 및 보호에 관한 법률 (약칭: 산업기술보호법) [시행 2017. 9.

15.] [법률 제14591호, 2017. 3. 14., 일부개정]

107) WTO(2019),, "Technological Innovation, Supply Chain Trade, and Workers In A

Globalized World", 'Global Value Chain Development Report'

Hyesan
Hamheung
Wonsan
Sinuiju
KOREA
Ullueng-Do
Pyeongyang
Gaeseong
SEOUL
Incheon
Daegu
Busan

일본 경제침략 실패시나리오

초판 1쇄 발행 · 2019년 10월 15일

지은이 · 윤주영
펴낸이 · 김동하

펴낸곳 · 책들의정원
출판신고 · 2015년 1월 14일 제2016-000120호
주소 · (03955) 서울시 마포구 방울내로9안길 32, 2층(망원동)
문의 · (070) 7853-8600
팩스 · (02) 6020-8601
이메일 · books-garden1@naver.com
블로그 · books-garden1.blog.me

ISBN · 979-11-6416-033-4 (03320)